ALTE KUNST DER MENSCHHEIT

Jederzeit und überall auf Erden hat der Mensch gemalt, gemeißelt, geschnitzt, gestochen, gezeichnet, gebaut,- in einem Wort: durch alle Arten künstlerischen Schaffens das gestaltet, was er liebte oder wovor er sich fürchtete. All diese Werke, ob prächtig oder bescheiden, verwischt oder fein ausgearbeitet, ähnlich oder verschieden, zeugen von der Fortdauer des schöpferischen Genius im Menschen.

Im Bau eines Tempels oder im Schnitt eines Juwels, in der Malerei einer Ikone oder in der alltäglichsten Formung einer Keramik glüht immer wieder der Funken des schöpferischen Menschen. Er leuchtet überall auf. Den eng gezogenen Rahmen von Grenzen, Schulen und Völkern sprengend, bilden die auf uns überkommenen Werke wirklich die KUNST DER MENSCHHEIT.

Auch wenn Tausende von Kilometern und Hunderte von Epochen einzelne dieser Arbeiten trennen, gleichen sie einander manchmal doch so sehr, daß wir staunen müssen. Schlichte wie prunkvolle Meisterwerke haben sich jahrhundertelang dem Zahn der Zeit entzogen, wenn auch der Name ihrer Schöpfer meist verweht ist. Deswegen ist die ALTE KUNST nicht weniger schön.

Wenn hier diese über all Welt verstreuten Wunderwerke in Farbaufnahmen einander gegenübergestellt und nach umfassenden Themen angeordnet werden, bietet die ALTE KUNST DER MENSCHHEIT eine Überschau und läßt das Bild sprechen; denn das Bild hat seinen Zauber. In ihrer bescheidenen Form sollen diese Bände die Fortdauer menschlichen Schaffens, das Weltweite und die Mannigfaltigkeit seiner Schöpfungen verstehen lehren.

Titelbild auf dem Einband:

Mythischer Vogel. Holz, zum Teil mit Gold überzogen. Altai, Pazyryk III. 5.–4. Jh.v.Chr.

ALTE KUNST DER MENSCHHEIT

Wissenschaftliche Leitung: Jean Marcadé
o. Professor auf dem Lehrstuhl
für klassische Archäologie
der Universität Bordeaux III

In dieser Reihe:

GOLDSCHMIEDEKUNST
BAUKUNST
MOSAIKEN UND FRESKEN
KERAMIK
GESCHMEIDE
BILDHAUERKUNST
BRONZE
IKONEN
HOLZSCHNITZKUNST
STICHE UND MINIATUREN

ISBN 2-8263-0634-0

© 1974 BY NAGEL VERLAG, GENF
Alle Rechte für alle Länder, einschließlich der UdSSR,
vorbehalten
Gedruckt in der Schweiz — Printed in Switzerland

HOLZSCHNITZKUNST

DAS HOLZ IN DER ARCHÄOLOGIE

DIE BAUKUNST DER ANTIKE UND DAS HOLZ

HOLZHANDEL UND HOLZARBEIT

DAS HOLZSCHNITZWERK

DIE ÄGYPTISCHE KUNSTTISCHLEREI

61 Abbildungen

NAGEL VERLAG GmbH
MÜNCHEN · GENF · PARIS

Das Holz in der Archaologie

Wir neigen dazu, für die ältesten Epochen die Bedeutung des Holzes in seinen verschiedenen Formen der menschlichen Fertigung zu vergessen; denn es liegen im wesentlichen nur mittelbare Zeugnisse vor. Kein Feuer ohne Brennstoff; nun war der erste Brennstoff wohl das Holz, und die Entdeckung des Feuers war das erste große Abenteuer in der Geschichte der Menschheit. Daß der Mensch seit der zweiten Eiszeit des Diluviums mit dem Holz vertraut war, bestätigt uns die Asche in den Höhlen. Die primitiven hölzernen Werkzeuge und Waffen der Steinzeit und der Grabstock, dieser früheste Behelf des Ackerbaues, sind gänzlich verschwunden. Auf die ehemalige Existenz des Holzhammers schließt man aus der Form, zu der der Stein zugehauen ist; man schließt auf den Griff aus der Messerklinge, auf den Stiel aus der Axt, auf den Schaft des Speeres und den Pfeil aus der Spitze, aber nachweisen kann man sie nicht. Der Vorgeschichtler spricht kaum je von Holz, obwohl er keineswegs daran zweifelt, daß dessen Verwendung eine bedeutende Rolle gespielt hat.

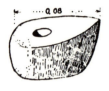
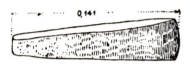

Steinbeil aus dem Neolithikum und Bronzebeil aus dem Chalkolithikum des 3. Jahrtausends v.Chr. (kontinental - griechisch); für beide war ein Holzstiel vorgesehen.

Unglücklicherweise kann Holz nicht unzerstört Jahrhunderte überstehen, es sei denn unter Ausnahmebedingungen: im Wasser, in gefrorenem Boden oder in einer absolut trockenen Luft. Die frühesten erhaltenen Stücke stammen aus Torfmoor oder Teichschlamm von Nord- und Mitteleuropa; sie scheinen nicht älter als aus dem 7. Jahrtausend v.Chr. zu sein. Man denkt dabei an die Piloten der Pfahlbauten* in Deutschland und der Schweiz oder an die Eichensärge in Dänemark; doch es gibt nur sehr wenige Belege für die gesamte Jungsteinzeit und sogar für die Bronze- und Eisenzeit. Die Holzarbeiten — und seien es auch Meisterwerke —, die sich im Klima Ägyptens erhalten haben, die spektakulären Entdeckungen in den Kurganen* von Südsibirien und dem Altai, die Unterwasser-Funde, die hie und da unter verschiedenen Bedingungen ans Licht gebracht werden, sollten uns nicht vergessen lassen, wie armselig die archäologische Dokumentation gegenüber dem ist, was einst war. Zumal seit die Holzarbeit durch die Erfindung von Metallwerkzeug erleichtert und vervollkommnet wurde, hat sie in der Antike eine Verwendung erfahren, die man universell nennen darf.

Die zum Leben und Überleben des Menschen unentbehrlichen Werkzeuge und Waffen sind dem Holz untertan. Die Schneide der Axt aus Feuerstein, das geformte und gehämmerte Metall lassen sich wirksamer handhaben, wenn man sie mit einem Stiel versieht. Undenkbar ohne Holz sind Hacke und Pflug, Beil und Hammer, Keule, Spieß und Speer, Pfeil und Bogen für Jagd und Krieg. Will der Mensch Mittel finden, um sich zu nähren und verteidigen, Schutz und Wärme zu suchen und die Gaben der Natur nach seinen Bedürfnissen herzurichten, so greift er auf das Holz zurück, und ihm verdankt er auch meist die Bequemlichkeiten des Alltags, Bett, Stuhl, Tisch, Truhe und Behälter (nur bei diesen trat der gebrannte Ton als Rivale auf). Gerade in diesen Dingen des täglichen

* Die mit einem Sternchen versehenen Wörter sind im Glossar (S. 15 f) erklärt.

Lebens drücken sich die Erscheinungsformen einer Kultur am besten aus, und wenn es uns heute schwer fällt, mit den Menschen der Vergangenheit vertraut zu werden, so ist dafür das Verschwinden des Holzes in hohem Grade verantwortlich.

Dadurch bleibt uns so mancher soziale Einblick verwehrt, und so wissen wir auch nicht, welcher Geist der Gemeinschaft sich in den Schmuckformen spiegelt, die der Kunsthandwerker aus eigenem Antrieb bevorzugt hat. In seinen schönsten Werken ist uns mit dem Holz auch die Kunst selbst verloren gegangen. Wir brauchen nur an die Musik zu denken, in der uns sehr wenig Instrumente konkret erhalten geblieben sind, oder an die Malerei, die wie etwa die hohe griechische Malkunst helle Holztafeln verwendete,- und an den *Pinakes** von Pitsa bei Korinth läßt sich der Unterschied zu den mittelbaren Zeugnissen, den bemalten Vasen und den Fresken, ermessen. Um über die allzu spärlichen archäologischen Zeugnisse hinaus das Wissen zu ergänzen, zieht man außer schriftlichen Quellen auch Darstellungen aus dauerhafterem, an die Holzarbeit erinnerndem Material heran; doch weiterhin klaffen gewaltige Lücken.

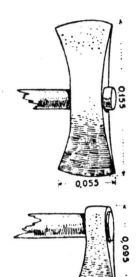

Bronzebeile aus dem 2. Jahrtausend (kretisch), bei denen man in die dafür vorgesehenen Löcher neue Stiele eingesetzt hat.

Die Baukunst der Antike und das Holz

Wir sind gewohnt, die Baukunst der Antike nach ihren monumentalsten Werken je nach Gebiet und Epoche als eine Stein- oder Ziegel-Architektur zu betrachten. Ebenso trifft aber zu, daß auch Holzpfosten, Astwerk und zu Matten gebundenes oder geflochtenes Schilfrohr ihre Rolle beim Bau gespielt haben. Hütte und Häuschen haben die einfachsten Pläne festgelegt, die dann für dürftige Behausungen oder für Zubauten beibehalten wurden, und manchmal haben sie auch den Entwurf für anspruchsvollere Wohnstätten mit ihrer elliptischen Form oder Ausbuchtungen in Art einer Apsis beeinflußt. Augenfällig bestätigen das zu Anfang der sakralen Baukunst in der klassischen Welt die Überlieferungen in den ältesten Tempeln von Delphi und die Entdeckungen in Eretria auf Euböa oder Thermos in Ätolien. Selbst wenn der Plan rechteckig angelegt ist, künden innen die die anfangs gebräuchliche Anordnung der Gebälkstützen in der Achse und außen die Anbringung von Schutzdächern oder Säulenvorbauten von der Erinnerung an das Holz.

Zur Gänze oder zum Teil erscheint manche Architektur von Stein deutlich als die Übertragung oder Angleichung einer Holzbauweise. Im südlichen Kleinasien, in Lykien, ahmen merkwürdige Fassaden von Felsengräbern und zahlreiche Reste freistehender Bauwerke genau in den Stein gehauen die Langhölzer, die Traversen*, die Tragbalken und Rundhölzer im Holzbau nach. Mehr noch: man hat — wie später auch in Indien — in der Anordnung der Blöcke gelengentlich auf eine Verbindung mit Nut und Feder* zurückgegriffen, wie sie bei Tischlern und Zimmerleuten Brauch war. In geringerem Maße sind auch die griechischen Ordnungen*

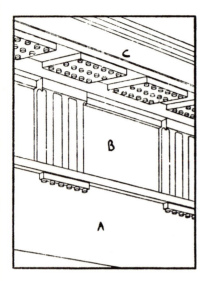

Dorisches Gebälk: A, Architrav, B, Fries, C, Gesims. Oben am Architrav die mit *guttae** besetzten Plättchen, auf dem Fries die mit Triglyphen* wechselnden Metopen* und unter den Sparrenköpfen* die Tropfenplatten mit drei Reihen von Guttae sind in Stein übertragene ursprüngliche Holzelemente.

selbst aus der Holzbauweise hervorgegangen; anders könnte man sich die charakteristischen Eigenheiten des dorischen und des ionischen Gebälkes* mit seinem Zahnschmitt* gar nicht erklären. Die Säulen waren zuerst aus Holz (Pausanias berichtet uns vom Tempel der Hera in Olympia, daß sie dort nach und nach im Laufe der Jahrhunderte durch solche aus Tuffstein ersetzt worden seien), und auch bei den reichsten Gebäuden sind die das Dach tragenden Balken nie außer in Ausnahmsfällen aus Marmor gewesen.

A fortiori kann die Bedeutung des Holzes gar nicht überschätzt werden, wenn man an weniger kunstvolle architektonische Formen als die großen klassischen Steindenkmale denkt. Beim Errichten von Mauern aus mittelmäßigem, anfälligem, unregelmäßigem oder gemischtem Material brauchte man stets eine hölzerne Armierung, um die Festigkeit zu sichern und der Einsturzgefahr vorzubeugen. Hölzerne Stützen, Pfosten, Säulen und Balken sind zwar verschwunden, aber sie sie gehörten dort dazu, wo auf einem Steinsockel ein großer Bau aus getrockneter, gestampfter Erde, ungebrannten und schlecht gebrannten Ziegeln aufgeführt wurde. Nun mühen sich die Archäologen, tunlichst die Stelle, wo sie fehlen, zu finden und nach Maßgabe des fehlenden Teiles moderne Ersatzstücke einzufügen, damit die Erhaltung gesichert ist. Zum umfassenden Begreifen der kretischen Paläste des zweiten Jahrtausends (etwa in Knossos oder Zakros) wie auch zum genauen Verständnis der römischen Wohnstätten (z.B. in den neuen Ausgrabungen der Via dell'Abbondanza in Pompeji) hat sich die Aufmerksamkeit, die man den Spuren und Zeugnissen von Holz schenkte, als äußerst lehrreich erwiesen.

Wir haben auf unserer Erde Gebiete mit Überfluß und andere mit großer Knappheit an Holz. In Indien, China und Japan hat man seit Menschengedenken Bauten fast ausschließlich aus Holz aufgeführt, und bekanntlich hat der Ferne Osten aus diesem Werkstoff eine eigene Architektur in feiner und eleganter Linienführung geschaffen, deren Überlieferung bis in unsere Tage reicht. In Form gebracht, zugeschnitten, in ein Verzapfungs-* und Verbund-System eingespannt, wird der zerlegte Baumstamm mit dem hohlen Pflanzenschaft (Bambus) für zugleich leichte und widerstandsfähige Bauten verwendet. Anderwärts dagegen haben die Menschen — häufiger aus Not als nach eigener Wahl — das Möglichste aus der Nutzung von Stein oder auch von Lehm herausgeholt, so in Ägypten, Mesopotamien und im präkolumbischen Amerika; daher kommt die wuchtige Form der Pyramiden und der Zikkurate*. Doch sogar dort, wo der Ziegel als der übliche Baustoff zu gelten hatte, wurden Lagen von Schilfrohr oder Palmstengel verwendet, um den Mauerverbund zu stärken und das flache Terrassendach zu halten; denn das Gewölbe («aus dem Mangel an Holz geboren», wie der griechische Geograph Strabo mit Recht sagte) überdeckte gewöhnlich nur beschränkte Spannweiten.

Holz dient beim Bau ganz allgemein für die Wohnstätten der Lebenden, manchmal aber auch für Gräber. In Südsibirien und Zentralasien vor allem gibt es tiefe Gräber (aus dem 1. Jahrtausend v.Chr.) mit doppelten

Holzwänden und Balkendecke, und als Särge dienen ausgehöhlte Baumstämme. Nicht nur zur bürgerlichen, auch zur militärischen Baukunst gehört das Holz, zumindest zusätzlich in Form von Pfählen und Palisaden bei den aufgeworfenen Erdwällen und den Ringmauern. Es dient auch der Schiffahrt und dem Transport. Denken wir an den Einbaum*, an das Boot aus Schilf oder an das Schiff mit Verdeck, an den Rumpf, die Ruder, den Mast oder das Paddel,- in der Fluß- wie in der Hochseeschiffahrt wird Holz verwendet. Dasselbe gilt für die zwei- und vierräderigen Wagen bei Ortswechsel, im Handel und im Krieg.

Holzhandel und Holzarbeit

Für die an Baumwuchs ärmsten Gebiete hat man auch die frühesten Hinweise auf einen Holzhandel in der Antike.

Im unteren und mittleren Mesopotamien wuchsen in genügender Menge lediglich Tamarisken und Dattelpalmen, deren Holz sich für Schreinerarbeiten schlecht eignet. Eiche, Platane, Konifere, alle Edelhölzer mußten aus dem Norden und Nordwesten eingeführt werden, und zweifellos hatten die Kriegszüge des Saron von Akkad neben anderem auch das Ziel, sich die Holzbestände des Libanon und des Taurus zu sichern. Figürliche Darstellungen aus dem 3. Jahrtausend zeigen, wie Langholz auf dem Wasserweg verfrachtet wird, bald auf Schiffe geladen, bald von Ruderbooten gezogen. Ein Brief aus dem frühen 2. Jahrtausend vom assyrischen König Schamschi-Adad an den Vizekönig von Mari ermöglicht uns, den Reiseweg des Holzes von Qatna in Syrien über den Hafen von Suprum am mittleren Euphrat bis nach Ekallatum, Ninive oder Schubat-Enlil, der Residenz des Königs, zu verfolgen. Für die Lieferung nach Schubat-Enlil wurde das Holz auf dem Euphrat bis Sagaratum verschifft und dann von Qattuman aus auf Wagen zu seinem Bestimmungsort gebracht. Es handelte sich um Zedern-, Zypressen- und Myrthenholz.

Auch in Ägypten besaß das untere Niltal nur eine beschränkte Zahl von nutzbaren Bäumen. Immerhin ließen sich Akazien und Sykomoren vor allem im Schiffsbau verwenden. Im übrigen bezog man schon seit grauer Vorzeit aus dem Süden das Ebenholz und aus Asien, besonders aus dem Libanon, Zeder, Wacholder und Zypresse. Vom Beginn des Neuen Reiches an werden immer mehr verschiedene Hölzer verwendet: Esche, Erle, Buchsbaum, Eiche, Eibe, dann Tanne und Fichte, Buche, Limonenbaum; doch noch immer handelt es sich um Einfuhrware. Weil die Holzfrage so wichtig war, haben die Pharaonen mehrfach Versuche unternommen, fremde Arten in ihrem Land zu akklimatisieren, aber erst spät sind z.B. Banane und Eukalyptus dort heimisch geworden.

Um die alten Kulturgebiete mit ihren ursprünglichen Wladbeständen nicht zu sehr zu belasten, zeigt sich uns der Holzhandel hie und da, unmittelbar und mittelbar, mit aller Spezialisierung auf bestimmte Arten

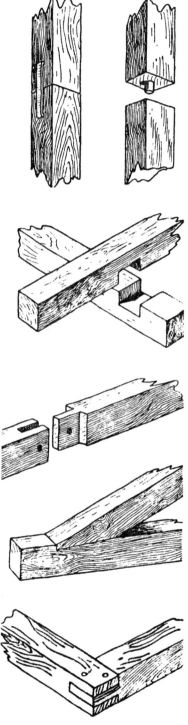

Verschiedene Verfahren zum Zusammenfügen von Holzteilen in der antiken Baukunst (Nach Orlandos, *Les materiaux de construction...*).

für besondere Zwecke, mit geregelter Ausbeutung und mit vereinzelt eingeführten Steuern. Aus den physischen Eigenschaften des Werkstoffes (Spannkraft oder Härte, Widerstandsfähigkeit, Schnittlänge, Farbe usw.) ergab sich die bevorzugt beabsichtigte Verwendung. Oft auch scheint die Wahl bestimmter Arten nach religiösen Vorschriften erfolgt zu sein, nämlich für zeremonielle Feuer, für die kultischen Gefäße, für die als Sühnegaben bestimmten Statuen oder für Prunkstücke der Ausstattung. Das traf für das präkolumbische Südamerika zu und besonders für Indien. Gerade dieses Land, in dem Ebenholz, Aloe, Sandel- und Rosenholz wachsen (und exportiert werden), schrieb dem Holz seit der Zeit des Weda einen beträchtlichen Ritual- und Symbolwert zu.

Schiffszimmermann bei der Arbeit mit Hammer und Meißel* (Nach einem römischen Relief).

Die Verarbeitung des Holzes hängt von der Art und der Verwendung ab, erfolgt also beim Zimmermann,* Tischler* oder Ebenist*. Nachdem der Baum gefällt worden ist, wird er entrindet oder abgeviert* und getrocknet. Da er sich bei zu schnellem Trocknen verziehen kann, bestrichen die Leute in alter Zeit die geschlägerten Stämme manchmal mit Mist. Die ersten und einfachsten Werkzeuge sind die Axt, das Dachsbeil* (dessen Schneide mit dem Stiel einen charakteristisch spitzen Winkel bildet) und der Hobel* (zum Gleichmachen der Oberfläche). Zum Zurichten läßt sich die Axt für den Längsschnitt nur bei Faserholz verwenden; sonst muß man zur Säge greifen. Ägyptische Darstellungen aus dem 3. und 2. Jahrtausend zeigen das Werkstück senkrecht aufgestellt, und der Arbeiter sägt von oben nach unten, indem er mit beiden Händen den Griff des nur auf einer Seite gezähnten Blattes hält. Zur Formgebung dient dann das Dachsbeil und danach die ganze Skala von Meißeln*, Sticheln* und Hohlmeißeln* mit oder ohne Nachhilfe des Hammers bei Hartholz. Die ganze Antike hindurch ist die Verwendung des Bohrers mit Drehbogen* bezeugt, dessen Hin- und Herbewegung mit Hilfe einer aufgerollten Schnur die Spitze des Werkzeuges zum Drehen und Durchbohren bringt. Zwar ist der Zeitpunkt, da die Drehbank* für Holz erfunden wurde, noch umstritten; doch kann man sagen, daß zumindest zur griechisch-römischen Zeit das Zimmermanns- und Tischlerwerkzeug für Handarbeit schon vollständig ausgebildet vorlag.

Was die Techniken der Holzverbindung betrifft, so hat das Verschnüren mit Lederbändern, Stoff oder Faser die vorgeschichtlichen Zeiten noch lange überlebt, aber der Bolzen, der zu Beginn der Geschichte auftaucht, wurde im allgemeinen auch nach der Entdeckung des Metalls dem Nagel vorgezogen, und das Zusammenfügen durch Nut* und Feder* hatten schon die Handwerker Mesopotamiens aus dem Grunde verstanden. Das Kleben mit einem erhitzten tierischen Leim spielte bei den Tischlern schon immer eine große Rolle, und darauf wieder war die Einlege- und Intarsia*- Arbeit angewiesen. Bereits zur Zeit der ersten ägyptischen Dynastien war man darauf gekommen, auf Luxusmöbeln und Kästen Stücke verschiedener Holzarten anzubringen und fürs erste statt bunter Steine und Glasfluß Elfenbein in das Holz einzulassen. Reichliche Verwendung fand vor allem in der Kunsttischlerei bemaltes oder mit ganz dünnen Metallblättern (Gold oder Silber) verkleidetes* Holz. Wenn diese Technik auch aus dem Orient stammt, so hat sich der Geschmack an Einlegearbeiten doch über die ganze klassische Welt verbreitet, und römische Liebhaber zahlten hohe Preise für die mit Edelhölzern gemusterten Tische.

Das Holzschnitzwerk

Holz zu Rundplastik oder Relief zu schnitzen war in der Antike weit mehr verbreitet, als man fürs erste annehmen würde. Die Holzskulptur ist keineswegs ausschließlich bei einigen Primitiv- oder Spätkulturen zu suchen, die hier etwa ein leicht zu behandelndes Material für ihre schlichte Kunst fänden. Dieselben Länder, die die härtesten Steine bearbeiteten, haben darüber durchaus nicht das Holz vernachlässigt, besonders nicht für Begräbnis- und Religionsdarstellungen. Die Funde von Chamalières und den Quellen der Seine oder die in den Sümpfen von Dänemark oder Schleswig-Holstein entdeckten anthropomorphen Figuren, die die schriftlichen Zeugnisse über die Bilderherstellung bei den Kelten und Germanen bestätigen, und auch die völkerkundlichen Parallelen, welche noch in den jüngsten Jahrhunderten von der Kunst der Eskimos, Kanadier, Afrikaner und aus Ozeanien zu ziehen waren, sollen uns nicht irreführen. Die glänzendsten und in Stein- und Metallplastik am meisten erfahrenen Kulturen haben sich auch in der Holzschnitzkunst hervorgetan.

Zimmermann bei der Arbeit mit dem Dachsbeil* (Nach einem römischen Relief).

Mehrere der am meisten verehrten Standbilder in den griechischen Heiligtümern waren aus Holz, und der gestickte Schleier von der berühmten Prozession der Panathenäen-Feste wurde aller vier Jahre auf die Akropolis in die Ostkapelle des Erechtheions zum hölzernen Standbild der sitzenden Stadtbeschützerin und Göttin getragen. Gewiß, viele dieser Idole waren nur flüchtig ausgearbeitet, und unter den Stoffen, mit denen man sie bekleidete, war ihr Körper oft nur ein Holzblock. Manche von ihnen, sagte man, waren nicht von Menschenhand geschaffen, sondern auf wunderbare Weise aufgetaucht, oder die Flut hatte sie nachdrücklich an einer bestimmten Stelle des Ufers angespült. Der Ausdruck Xoanon*, mit dem man sie bezeichnete und auch ihre Nachbildungen in Stein benannte, deckt sich ziemlich mit dem französischen Wort «engaîné»* für die wie in einer Scheide steckenden Statuen von archaischer Strenge. Neben diesen vereinfachten Darstellungen jedoch wird eine wahre Kunst der Holzskulptur Meistern wie Endoios und Kanachos zugeschrieben, die in historischer Zeit das Erbe des legendären Dädalos und Epeios, Schöpfer des trojanischen Pferdes, antraten. Zwar sind nur wenig Zeugnisse erhalten; doch wird die schriftliche Überlieferung durch die Statuetten von Palma di Monteschiaro auf Sizilien, von Rocca San Felice in Italien, von Xylokastro und Samos in Griechenland bestätigt.

Gleichfalls bezeugt sind seltsame Mischtechniken, bei denen das Holz die Hauptrolle spielte; man möchte fast in Zweifel ziehen, daß es sie wirklich gegeben hat: die Akrolithen*-Kolosse, bei denen die Extremitäten aus Stein und alle anderen Teile aus Holz waren, und die chryselephantinen* Standbilder, die auf einem hölzernen Körper mit Gold und Elfenbein beschlagen und mit Glasfluß und bunten Steinen eingelegt wurden. Die große gewappnete Athene des Parthenon, und der thronende Zeus von Olympia, Meisterwerke des Phidias, der als Meister des Klassizismus im 5. Jh. v.Chr. zu gelten hat, waren solche chryselephantinen Bildwerke. Hier finden wir also den Gedanken wieder, das Holz mit Einlegearbeit und Metallverkleidung aufzuwerten. Und schon unter den Frühwerken der Bildhauerkunst in Bronze in der ägäischen Welt bestand ein *sphyrelaton** aus einer Holzseele, auf die Metallfolien gehämmert und befestigt wurden. In Dreros auf Kreta hat man beachtliche Beispiele dafür aus dem 7. Jh. v.Chr. gefunden. Diese Technik kam jedoch von wo anders; in Westasien und Ägypten hatte es sie schon lange gegeben. Die Löwen des Dagantempels in Mari am Euphrat waren aus Holz, mit Kupfer überzogen, sie hatten eingelegte Augen aus weißem Stein und blauem Schiefer, und in ihre Kinnbacken waren Zähne aus Bein eingesetzt. Man hat auch einige Standbilder des Pharao Pepi I. und seines Sohnes, aus der Zeit der 6. Dynastie stammend, nach derselben Methode ausgeführt.

Damit kehren wir wieder in das Niltal zurück, wo uns die ausnehmend günstigen Bedingungen für eine Konservierung des Holzes ein überreiches Material in Gestalt von hölzernen Statuen und Reliefs, von vergoldetem, bemaltem und eingelegtem Holz hinterlassen haben. Man weiß auch von den ergreifenden Bildern, die sich den Grabungsteilnehmern in den Mastabas* des Alten Reiches, den Nekropolen des Mittleren Reiches und den Totengrüften (Hypogeum*) des Neuen Reiches boten. Wir erinnern hier nur an das Bild des Schreibers Cheti, an die Gruppe eines königlichen Beamten und seiner Frau im Louvre, den «Scheikh-el-Beled»* in Kairo, den Pehernefer in Berlin, die bewundernswerte Opferträgerin in ihrem eng anliegenden, mit Blättchen besetzten Kleid, so mancher Torso von jungen Mädchen, doppelt lieblich durch die makellos polierte Oberfläche, so manchen unter aufgesetzter Perücke rührend oder machtvoll wirkenden Porträtkopf — wie etwa den aus Ebenholz geschnitzten Kopf der Königin Teje — und die unglaubliche Sammlung von hölzernen Menschen- und Tierskulpturen im Schatz des Tut-ench-Amun. Ohne Zweifel hat Ägypten, obwohl von Natur aus arm an Holz, auf diesem Gebiet vor allem im 3. und 2. Jahrtausend v.Chr. noch erstaunlichere

a und b) Ägyptische Handwerker bei der Arbeit: Sägen, mit dem Dachsbeil Zuhauen und Zusammenleimen des Holzes (Nach Darstellungen aus dem Grab des Rechmire, 2. Jahrtausend v.Chr.).

Wunderwerke geschaffen, als Indien und der Ferne Osten, die in dieser Hinsicht doch besser ausgestattet waren, in ihrem ganz eigenen Stil zuwege gebracht haben.

Die ägyptische Kunsttischlerei

Sehen wir von der Skulptur ab, so bietet sich uns im Fall Ägyptens die Möglichkeit, die Darstellungen in Gräbern, die die Handwerker bei der Arbeit zeigen, mit den wirklichen Erzeugnissen der Modell- und Kunsttischlerei und der Intarsia zu vergleichen. In den so lebendigen Szenen aus dem Grab des Rechmire (um 1500 v.Chr.) sehen wir, wie die Handwerker sägen, aus dem Groben herausarbeiten, Form geben, Nut und Feder herrichten, Löcher für die Dübel* bohren und die einzelnen Teile zum Möbelstück zusammensetzen, und das alles läßt sich genau prüfen und bestätigen, wenn man die Sessel, Taburetts, Betten, Kästen, Schiffsmodelle und anderes untersucht, was ein Fund wie der des Schatzes von Tut-ench-Amun uns zur Verfügung gestellt hat.

Ägyptischer Tischler bei der Herstellung eines Sessels (Nach Darstellungen aus dem Grab des Rechmire, 2. Jahrtausend v.Chr.).

Diese Sessel mit geneigter Lehne und Löwenfüßen auf kleinen Sockeln,- wir sehen sie mit unseren eigenen Augen in allen Einzelheiten, mit all ihren reichen Schmuckformen. Der Armsessel aus Ebenholz für den Kind-König ist ein ausgezeichnetes Beispiel dafür. Wir erkennen daran die Verstärkungen für die Lehne, die mit Elfenbeinplatten belegten Kanten an den oberen Winkeln und im zentralen Viereck das in einen Grund von Ebenholz eingelegte Elfenbein (geometrische und stilisierte pflanzliche Motive). Wir erkennen aber auch, mit welcher Feinheit der geschweifte Rahmen des Sitzes an den vorderen Ecken merklicher erhöht ist als an den hinteren und wie der Abstand zwischen dem Rahmen des Sitzes und den die Füße verbindenden Stangen durch kunstvoll aufgeteilte Streben gegliedert ist. Die Armlehnen in weicher Linienführung umschließen kleine Bildtafeln in Basrelief, auf denen ein Steinbock in einem Gebüsch liegt: Das Holz ist an dieser Stelle übergipst und vergoldet, und überdies ist das kostbare Möbelstück mit Zwingen und Nagelköpfen aus Gold getüpfelt.

Nicht minder bemerkenswert ist der lehnenlose Sessel mit dem *semataui** von Gold. Miteinander verbundene Pflanzenstengel, die die Vereinigung der zwei Welten Ober- und Unterägypten symbolisieren, bilden zwischen den Füßen einen zusätzlichen Schmuck von äußerster Leichtigkeit. Die feste Oberfläche des Taburetts ist zur Gänze mit einer dichten Schicht weißer Farbe überzogen, die wie lackiert wirkt und die den Glanz des ganz mit Goldfolie belegten Pflanzenmotivs noch erhöht.

Truhen und Kästen in allen Formen künden von der gleichen Sicherheit in Technik und Geschmack. Mit hinreißender Kunstfertigkeit sind hier Intarsien eingearbeitet. Dieser berühmte rechteckige Kasten, dessen aufgewölbter Deckel einen vergoldeten Knauf trägt, wird manchmal als die

«Jagdtruhe» bezeichnet; denn auf einer der Schmalseiten ist dargestellt, wie der junge Pharao im Sitzen seinen Bogen spannt und auf die aus einem rechteckigen Becken auffliegenden Vögel zielt, während Königin Anchesenamon ihm zu Füßen kauert. Blumen und Tiere bilden das Thema für jede der Füllungen, während sich auf dem Deckel König und Königin, aufs schönste herausgeputzt, unter einem reizenden Laubenbogen gegenüberstehen. Holz, Elfenbein, Pigmentfarben, Goldblättchen, Glasfluß und emaillierte Fritte* greifen in diesen überreichen Schmuckformen ineinander. Anderwärts wie etwa bei einem Koffer mit Tragstangen, dessen Deckel als Doppeldach geformt ist, beläßt eine fast herbe Strenge dem Zedern- und Ebenholz seine Naturfarbe, aber ein doppelter Streifen aus Elfenbein betont die Einfassung von makellos eingravierten Hieroglyphen.

Von den Betten überrascht besonders eines, dessen Längsseiten der Körper einer zu anormaler Dünne stilisierten Kuh bildet. Die langen Beine sind fest in einen rechteckigen, schwarz gemalten Rahmen eingefügt. Die vergoldete, herausnehmbare Matratze ist längs der Rückenlinie der Tiere geschweift, deren Schwänze sich beiderseits des Kopfbrettes* krümmen. Das Ganze strahlt in einer Vergoldung, von der sich das Bitumen-Schwarz* der kleinen Dreiblattformen abhebt, dieser charakteristischen Kennzeichen der heiligen Kuh mit der Sonnenscheibe zwischen den Hörnern.

Ohne weiter auf seltsame Dinge wie die kleinen Schiffsmodelle (Erinnerungen an Fahrten auf dem Nil oder symbolische Barken für ein Wiedererscheinen des Königs) einzugehen, bei denen das übertünchte und bemalte Holz auch teilweise vergoldet ist, erwähnen wir zuletzt nur noch Bogen, Flabellum* und Trompete: Solches Zubehör der Ausstattung in den Königsräbern ist sorgfältig ausgearbeitet und geschmückt, sogar der hölzerne Stiel ist mit Intarsien, Einlegearbeit und Metall verziert.

Der Schatz des Tut-ench-Amun ist zu weltbekannt, als daß wir hier noch über ihn berichten sollten, zumal da die charakteristischsten Stücke in Wanderausstellungen gezeigt worden sind. Abgesehen von Ägypten ist die Holzschnitzkunst der Antike auch durch alle Welt in reichen Spuren zu verfolgen. Absichtlich legt unser Bildband das Schwergewicht auf Arbeiten, die vielleicht nicht ganz so berühmt, aber doch durchaus nicht als weniger wertvoll zu vernachlässigen sind.

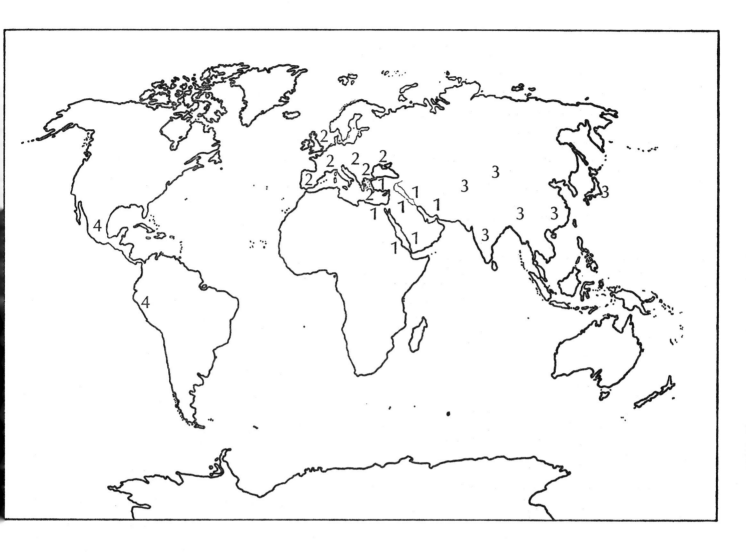

Wichtige Zentren der Holzverarbeitungskunst in der Antike:

1 NAHER OSTEN

- *Mesopotamien* (Sumer, Ur, Ninive)
- *Ägypten* (Mastabas in Unterägypten, Gräber im Tal der Könige, Nubien)
- *Anatolien* (Waldgebiete des Taurus, Lykien)
- *Byzanz*
- *Phönikien, Syrien, Libanon*
- *Khoresm* (Persien)
- *Arabien*, Jemen, Persischer Golf

2 EUROPA

- *Skandinavien* (Dänemark)
- *Germanien*
- *Gallien* (Chamalières, Seine-Quellen)
- *Italien*, Rom, Etrurien, Campagna (Pompeji, Herkulaneum)
- *Sizilien* (Palma di Montechiaro)
- *Dakien, Skythien*, Donau- und Dnjepr-Becken
- *Rußland*
- *Griechenland*, Athen, Thermos, Delphi, Korinth, Xylokastro, Arkadien, Thrakien)
- *Ägäische Inseln*, Euböa (Eretria), Kreta (Knossos, Dreros, Zakros), Samos, Rhodos, Zypern

3 MITTLERER UND FERNER OSTEN

- *Südsibirien*, Altai
- *Zentralasien*, Baktrien
- *Indien*, Nepal
- *China*
- *Japan*

4 AMERIKA

- *Mexiko*
- *Peru*

EINIGE CHRONOLOGISCHE HINWEISE

−8000 bis −3000	*Neolithikum* (Jungsteinzeit) Wachsende Seßhaftwerdung (Viehzucht, Ackerbau) in Südwestasien und Osteuropa. Früheste Keramik Stellenweise Verwendung von gehämmertem Kupfer (besonders früh in Anatolien). Anfänge der eigentlichen Stadtbildung.	−480 −480	Zwei persische Heerzüge gegen Griechenland werden bei Marathon (490) und Salamis (480) zurückgeschlagen. *Zweite Eisenzeit* In Westeuropa Latènezeit genannt. So hell der griechische Klassizismus unter der Hegemonie Athens im 5. Jh. auch strahlt, das Achämenidenreich bleibt die prunkvollste Großmacht Vorderasiens. Der König der Könige ist der wahre Schiedsrichter bei Rivalitäten zwischen griechischen Städten bis zum Aufstieg Makedoniens.
−3000 bis −2000	*Vom Chalkolithikum bis zur Bronzezeit* Verbreitung der Metallurgie von Kupfer und Edelmetallen im Mittleren Osten. Früheste Bronze. In Mesopotamien, Sumer und Akkad. In Ägypten, Altes Reich. Pyramiden und Mastabas, zahlreiche Meisterwerke der Holzschnitzkunst. In Anatolien, vor- und frühhethitische Kultur. In Kreta, Anfang der minoischen Kultur. Um 2700–2600, Königsgräber von Ur. Um 2000, Schätze von Troja II.	bis	334–325 Eroberung des Perserreiches durch Alexander, der bis zum Indus vordringt. 3.–2. Jh.: Zeit der aus dem Reich Alexanders hervorgegangenen hellenistischen Königreiche (Lagiden in Ägypten. Attaliden in Kleinasien, Seleukiden in Nahost) und der Vermischung der griechischen Kultur mit der der Randstaaten (griechisch-baktrische Monarchen in Zentralasien, griechisch-indische in Nordwestindien). Von etwa 250 an Partherreich in Iran. Ende des 3. Jh., Beginn der früheren (westlichen) Han-Dynastie in China und Bildung des Steppenreiches durch die Hunnen. Um 165, in Zentralasien erscheinen die Jüedschi. 128, Chang Ch'ien im nördlichen Baktrien. Vom 2. Jh. an setzt sich die römische Macht am Mittelmeer durch und löst den Hellenismus ab.
−2000 bis −1100	*Hohe Bronzezeit* In Mesopotamien, Babylonier und Assyrer In Ägypten, Mittleres und Neues Reich. Vermehrte Zahl der Holzstatuetten, kostbares Mobiliar in den Königsgräbern (Grab Tut ench Amuns). In Anatolien, Hethiterreiche. Im Ägäisgebiet, kretische Palastkultur und mykenische Kultur. Im 12. Jh. Einfall der Dorier und Aufbruch der Seevölker.	−50	
−1100 bis	*Erste Eisenzeit* In Westeuropa, verspätet auftretend, Hallstattperiode genannt. In Vorderasien, assyrische Vorherrschaft (trotz Widerstand von Urartu) bis ins 7. Jh. Die aus dem Wolgagebiet gekommenen Skythen ziehen bis vor die Tore Ägyptens und dringen nach Mitteleuropa vor. Im 7. Jh., Anfänge der Nomadenkultur vom Altai (deren Höhepunkt die Kurgane von Pazyryk im 5.–3. Jh. bilden). Von Iran aus entwickelt sich von jetzt an die persische Macht (Achämenidenreich). In der Ägäis entsteht die eigentliche griechische Kultur und Kunst (geometrische, dädalische, orientalisierende und archaische Phase), die durch koloniale Ausweitung und Handelsverbindungen gefördert und verbreitet werden. 7.–6. Jh. Blütezeit der Xoanon-Skulpturen.	−50 bis +651	*Von der Größe Roms bis zum Ende der antiken Welt* Von Cäsar an (der −49 den Rubicon überschreitet) beherrscht die römische Politik die Geschichte des Westens. Die zwei ersten Jahrhunderte christlicher Zeitrechnung sind die glänzendsten des Römischen Reiches. Der Niedergang kündigt sich im 3. Jh. an; im 4. Jh. setzt mit dem Einbruch der Hunnen in Europa und mit dem Eindringen der Westgoten in das Römische Reich die Zeit der Völkerwanderung ein. In Mittelasien besteht das Kuschana-Königreich bis zur Mitte des 4. Jh. Im 5. und 6. Jh. folgen die hephthalitischen Hunnen. 651 wird Merw von den Arabern erobert. In Iran folgt im 3. Jh. auf das Reich der Parther das der Sasaniden, das bis zur Eroberung durch die Araber besteht. In China folgen seit den späteren (östlichen) Han mehrere Dynastien aufeinander bis zu den Tang, die vom 7. Jh. an herrschen. In Amerika liegen die schöpferischen Perioden der Mayas und Olmeken in der gleichen Zeitenfolge.

14

GLOSSAR

Abvieren: Einen Stamm auf rechte Winkel schneiden, im allgemeinen um das weiche, fäulnisanfällige Holz unter der Rinde zu entfernen.

Akrolithen: Statuen, bei denen nur die nackten Teile (Kopf, Hände, Füße) aus Stein bestehen.

Bitumen: Erdpech, eine schwarze, aus einem Gemisch von Kohlenwasserstoffen gebildete Masse.

Chryselephantin: Eine mit Gold und Elfenbein verkleidete Statue.

Dachsbeil: Ein Zimmermannswerkzeug mit geschweifter Schneide; das Eisen des Beils steht zum Stiel in charakteristisch spitzem Winkel.

Drehbank: Eine Werkzeugmaschine, auf der ein in Drehung versetztes Werkstück mit verschiedenen spanabhebenden Instrumenten bearbeitet wird.

Drehbogen: Ein bogenförmiges Gerät, dessen horizontale Hin- und Herbewegung vermittels einer Schnur einen senkrecht arbeitenden Bohrer in Drehung versetzt.

Dübel: Ein Holzpflock, der genau die Maße eines Loches hat, in das er zur Verbindung von Holzbauteilen eingelassen wird.

Ebenist: (frz.: mit Ebenholz Arbeitender), ein Kunsttischler, der wertvolle, oft auch mit Ebenholz ausgelegte Holzarbeiten anfertigt.

Einbaum: Aus einem einzigen Stamm (monoxyl) gearbeitetes Boot.

Engaîné: Französ. = in einer Scheide steckend; Bezeichnung für eine Statue mit einem anatomisch falsch gebildeten, zu kleinen Unterkörper.

Feder: Zapfen an einem Holzstück, der in die Nut (s. ds.) paßt.

Flabellum: Eine Art Fächer oder Fliegenwedel an langem Stiel.

Fritte: Eine Glasmasse, aus einem Gemisch mit kohlensaurem Kalk hergestellt.

Gebälk, dorisches: Gesamtheit der drei charakteristischen Oberteile der Ordnung: glatter Architrav, Fries mit Triglyphen und Gesims mit Tropfenplatten und Sparrenköpfen.

Guttae: (lat. = Tropfen), in der dorischen Architektur als Relief gearbeitete kleine konische oder zylindrische Schmuckformen, unter den *regulae* und den Triglyphen angebracht.

Hobel: Ein Werkzeug zum Abspanen und Glätten von Holzflächen.

Hohlmeißel: Ein Tischlerwerkzeug zum Abspanen, das kanalartig hohl gearbeitet und mit einer gebogenen Schneide versehen ist.

Hypogeum: Reiner Untertagebau von Gräbern, Tempeln usw.

Intarsia: Auch Marketerie genannt; Verzierung von Holzflächen durch Einlagen andersfarbiger Hölzer.

Kopfbrett: Kopfseite des Bettes, die als Lehne dienen kann.

Kurgan: Hügelgrab in Südsibirien.

Lack: a) rotbrauner Harzsaft, der aus gewissen Bäumen des Fernen Ostens austritt; b) ein Firnis, zu dem dieser Harzsaft verarbeitet wird.

Mastaba: Blockartig geformter Grabbau für vornehme Ägypter im Alten Reich.

Meißel: Ein an seinem Ende keilförmig zugeschärftes Metallwerkzeug.

Metopen: Im dorischen Fries glatte oder in Relief skulptierte rechteckige Felder zwischen den Triglyphen (s. ds.).

Nut: Einschnitt an der Kante eines Brettes, in den das Gegenstück des anderen Brettes (Feder) eingepaßt wird.

Ordnung: In der Architektur regelmäßige Aufteilungen der Formen entsprechend dem jeweiligen Stil.

Pfahlbauten: Auf einer von Piloten getragenen Plattform erbaute Wohnstätten in Seegebieten.

Pinakes: (Einzahl: *pinax*), Holztafeln, die im Griechenland des Altertums für Gemälde verwendet wurden.

Rundholz: Ein Holzbauteil, bei dem die zylindrische Form des Stammes erhalten blieb.

Scheikh-el Beled: Eine berühmte Holzstatue aus dem ägyptischen Alten Reich; sie trägt den Beinamen «der Dorfschulze».

Sema-taui: Symbol der Vereinigung der beiden ägyptischen Länder.

Sparrenkopf: In der dorischen Baukunst eine Schmuckform, die als vorspringendes Rechteck unter den Tropfenplatten angebracht ist.

Sphyrelaton: Eine Primitivtechnik, bei griechischen Standbildern Metall auf einer Holzseele aufzuhämmern und zu befestigen.

Stichel: Spitzes Werkzeug, mit dem Löcher gestochen werden.

Tischler, Schreiner: Handwerker, der Bretter zu Türen, Fenstern und Möbeln verarbeitet.

Traverse: Ein Querträger, der Streben und Gebälkstützen oben miteinander verbindet.

Triglyphen: Schmuckplatten mit drei senkrecht skulptierten Rillen, die mit Metopen abwechselnd den dorischen Fries gliedern.

Verkleidung: Überziehen eines minder wertvollen Materials mit einer dünnen Folie aus wertvollem Material (z.B. Blattgold).

Verzapfung: Eine Verbindung von Holzteilen, bei der das eine Stück durch oder in das andere greift.

Xoanon: Eine der Form nach dem Baumstamm oder Ast noch nahestehende archaische oder archaisierende griechische Holzstatue; auch die Nachahmung einer solchen Statue in Stein.

Zahnschnitt: In der ionischen Baukunst eine Verzierung in Form viereckiger Vorsprünge.

Zikkurat: Ein massiver Ziegelbau, der als ein stufenförmiger Tempel in Turmform aufgeführt ist.

Zimmermann: Handwerker, der alle Holzarbeit beim Bau durchführt.

Für jene, die mehr darüber wissen wollen:

Umfassende Studien über Holzkunstwerke in der Antike sind selten mit Ausnahme der einschlägigen Artikel in den großen Enzyklopädien und einiger Kataloge mit Erläuterungen. Wir verweisen bei letzteren auf M. Vaulina und A. Wasowicz, *Bois grecs et romains de l'Ermitage* (Breslau, 1974). Für die klassische Architektur lese man den zusammenfassenden Bericht von A. Orlandos, *Les matériaux de construction et la technique architecturale des anciens Grecs*, Bd. 1, (Paris, 1966, aus dem Griech. übers.). Im übrigen sollte man auf die Monographien über die einzelnen Kulturen zurückgreifen: Die Bände der Sammlung *Archaeologia Mundi* (Verlag Nagel) bringen unter anderem lehrreichen Aufschluß, besonders über Südsibirien und Zentralasien.

Photos: Gérard Bertin, Novosti, U. M. Alama, B. P. Groslier, Museen.

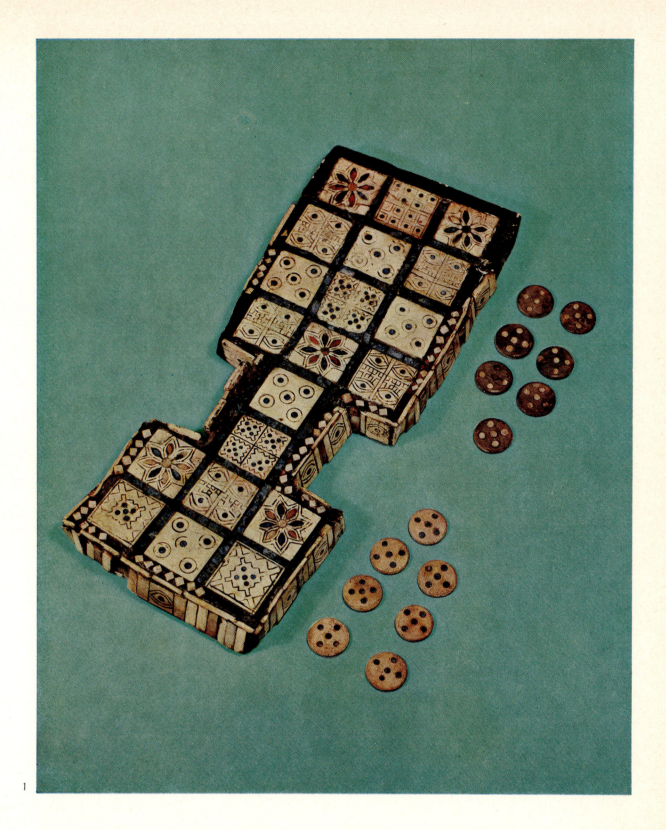

1

In der «königlichen» Nekropole von *Ur* im unteren Mesopotamien, die auf die erste Hälfte des 3. Jahrtausends v. Chr. zurückgeht, fand man außer den ausnehmend kostbaren Schätzen der Goldschmiedekunst auch Arbeiten von minder hoher Kunst, die jedoch unsere Aufmerksamkeit verdienen. Es handelt sich im wesentlichen um Muschelschalen, in die geometrische und figürliche (Tier-) Ornamente eingeritzt sind. Die eingeschnittenen Linien waren mit einer schwarzen oder roten Masse ausgefüllt, aber auch Lapislazuli und ein rosafarbener Stein gehörten

17

2

18

zu dem bunten Dekor. Man hat festgestellt, daß diese Plättchen mit Erdpech auf eine — nicht mehr vorhandene — hölzerne Unterlage aufgeleimt waren und daß es sich wohl nicht immer um eine Kassette, sondern manchmal auch um eine Art Schach- oder Damespiel handelte, wie es im Britischen Museum wiederhergestellt ist *(Abb. 1)*. Die runden Spielsteine in zwei Farben tragen jeweils fünf Punkte.

In einem anderen Fall ließ sich erkennen, daß es sich um den Resonanzkasten einer Leier oder Harfe handelt. Das besonders bemerkenswerte Stück, das gleichfalls im Britischen Museum wiederhergestellt worden ist und das wir in Gesamt- und Detailaufnahme zeigen *(2, 3)*, lag im Grab der «Königin» Schubad. Nach vorn streckt sich ein Stierkopf aus über eine Holzseele geschlagenem Gold, die Augen mit Lapislazuli eingelegt und Bart und Stirnhaare aus Silber. Der Resonanzkörper war ringsum verziert, und die Vorderseite trug ein auf das Holz aufgeklebtes Mosaik aus Muscheln, Lapislazuli und rotem Stein: an den Seiten eine Umrahmung aus geometrischen Motiven und unter dem Stierkopf vier untereinandergestellte Bildtafeln. Da sieht man — von oben nach unten den Adler Imdugud, zwei Gazellen schlagend, zwei Rinder, die sich auf den Hinterbeinen aufrichten, um das Laub eines Strauches zu erreichen, einen Stiermenschen, der zwei Panther zähmt, und endlich einen Tierkampf zwischen dem angreifenden Löwen und dem Stier. Zwölf erneuerte Saiten sind zwischen dem Resonanzkasten und dem mit einem Goldring geschmückten Ständer gespannt.

Die Bedeutung der Musik im Alten Orient wird durch Urkunden und durch Funde in Ägypten bestätigt.

3

20

Auf Grabmalereien im Neuen Reich sehen wir Harfenisten (manchmal blinde) zur Festen und religiösen Feiern aufspielen. Es kann uns nicht überraschen, daß die hölzernen Truhen, Spieltische und Musikinstrumente in der Königsgräberstadt von Ur bis zum völligen Verschwinden zerfallen sind. Dafür wären nicht einmal diese 5000 Jahre nötig gewesen. Selbst für viel weniger fernliegende Zeiten müssen schon ganz besondere Umstände mit dazu beitragen, daß etwas überdauert und als bearbeitetes Holz, Relief oder Vollplastik, kenntlich bleibt. Die folgenden Abbildungen *(4–11)* zeigen Arbeiten aus *Pjandschikent*, einer alten Stadtlandschaft im Gebiet des ehemaligen Sogdiana, 65 km von Samarkand, Usbekische SSR (Russisch–Turkestan), die für die Archäologie von Zentralasien ganz besonders bedeutsam ist. Die Siedlung wurde nämlich infolge der arabischen Eroberung zwischen 720 und 770 verlassen und seither nicht neu bewohnt. Was sich dort findet, bildet also ein unmittelbares sicheres Zeugnis für die Kultur des vorislamischen Asien. Die sowjetischen Grabungen nach dem letzten Weltkrieg erbrachten begeisternde Ergebnisse: Da gab es eine Königszitadelle, die eigentliche Stadt, eine Vorstadt und eine Nekropole, und das zutage Geförderte bringt genaue Kunde über die Organisation der Wirtschaft, das Sozialwesen und die Entfaltung von Kunst und Wissenschaft. Was an Ausstattungsgegenständen und Schmuck unter den Funden vom verfeinerten Leben der oberen Klassen kündet, das bestätigen auch beredt die sehr schönen Mauerfresken, auf denen höfische Feste und Legenden dargestellt sind. In diesen epischen Gemälden spielen militärische Aufmärsche, Jagden und Kämpfe des tapferen Helden die Hauptrolle.

Mit diesen Fresken, die sozusagen den Clou der Entdeckungen von Pjandschi-

4

kent darstellen, bilden Reste von Holzschnitzereien die größten Merkwürdigkeiten. Das eine aber ist bezeichnend: Während die Mauerfresken in Räumen erhalten sind, die bei der Katastrophe vom Brand verschont wurden, sind einige Holzarbeiten im Gegensatz dazu gerade durch das Feuer für uns gerettet worden: zwar verkohlt, aber nicht verzehrt und zudem unter einer dicken Schicht Schutt vergraben, blieben sie doch mehr oder minder erhalten, wogegen sich das Holzwerk genau wie andere organische Stoffe in den vom Feuer verschonten Bezirken in der Erde völlig zersetzt hat und zu Staub geworden ist.

Wie die Bilder zeigen, wurden alle Arten der Skulptur vom Basrelief bis zur Rundplastik gepflegt. Wir finden Schmuckfriese mit rein pflanzlichen Motiven, Weinreben mit elegant verschlungenen Ranken *(5)* oder, in anderer Art, mehr stilisierte graphische Verspieltheit *(6)*. Dann wird wieder ein figürliches Thema rhythmisch mit einem pflanzlichen Rahmen verbunden, indem wiederholt ein Mann zwischen Tieren unter Laubenbogen dargestellt wird, die durch Bäume mit zu Voluten gedrehten Zweigen voneinander getrennt sind *(4)*. Ein Krieger und eine Frau *(7, 8)*, bei denen Schmuckkleidung und Geschmeide mit Anhängern die Länge betonen, lassen in ihrer gedrehten Stellung und in der geschmeidigen Eleganz ihrer Silhouette an indische Plastiken denken. Das von Blümchen umrahmte Medaillon endlich, auf dem wohl ausgewogen eine Familiengruppe ihre Verschiedenheit in

5

6

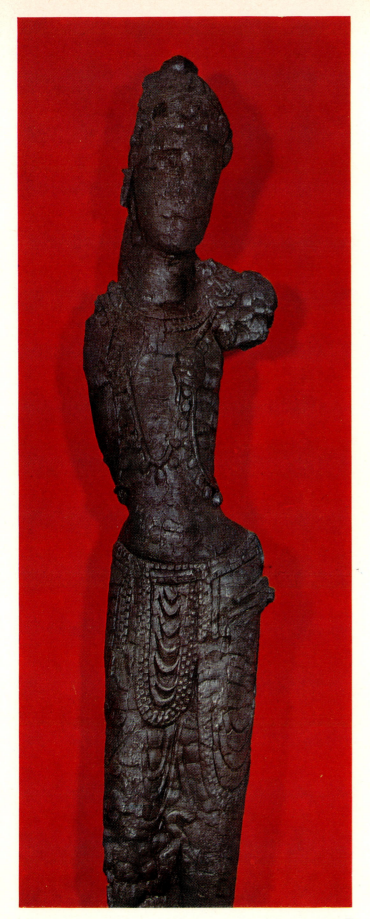 

7 8

Putz und Haltung zeigt, erhält schon durch das Graphische seinen Wert *(9 und Detailaufnahme 10)*. Gewiß fehlt viel daran, daß beim gegenwärtigen Stand unseres Wissens in diesen Bildern alles lesbar und verständlich ist; doch in jeder Kleinigkeit bekundet sich das Geschick und die Meisterschaft des Holzschnitzers, sein Sinn für das Material wie die Eigenständigkeit seiner Ästhetik. Nirgends herrscht Mutwillen, und die Einzelheiten fügen sich kunstvoll in das gegebene Stück *(11)*.

Die Geschichte von den Holzschnitzereien in Pjandschikent, die paradoxerweise gerettet wurden, weil die Plünderer die Stadt niedergebrannt hatten, erinnert an einen anderen Glücksfall für die Archäologie, der bei mehreren Kulturen eingetroffen ist. Wir denken an die Tontäfelchen des Alten Orients, auf denen die Kaufleute ihre Rechnungen, die Hüter von Tempelschätzen oder fürstlichen Sammlungen ihre Inventarverzeichnisse und die Schreiber den Wortlaut der königlichen Korrespondenz eintrugen. Der Ton mußte noch weich sein, wenn er die mit Stichel oder Griffel geritzten Schriftzeichen aufnehmen sollte. Im Klima Ägyptens oder des Nahen Ostens trocknete er dann an der Luft hinreichend, so daß die Dokumente aufbewahrt werden konnten; doch blieben sie dabei immer Rohziegel, weit weniger widerstandsfähig als gebrannte Ziegel, und unsere Dokumentation wäre längst nicht so reich, wenn nicht Unglücksfälle hie und da den rohen Ton in Terrakotta verwandelt hätten. Und man weiß ja, wie interessant für uns die «Archive» von Mari über Mesopotamien, von Tell-el Amarna über die

9

10

11

12

13

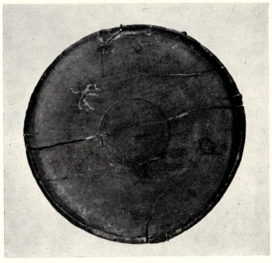

14

ägyptische Politik oder von Hattuscha über die Kultur der Hethiter berichten. Auch wenn heute die mykenische Schrift «Linear B» besser und besser entziffert werden kann, so verdankt man das der wachsenden Zahl von Tontafeln, die in einst von Feuer erhitzten Schichten gefunden worden sind. Und noch ein anderer Fall: Von den in Lehm modellierten Abbildern auf einer Unterlage aus Holz, die bei der Totenfeier — vor allem in Zypern und Zentralasien — um den Leichnam aufgestellt wurden, hätten wir keine Ahnung, wenn die Flammen des Scheiterhaufens sie nicht gehärtet hätten, ohne sie ganz zu verzehren.

Leider wissen wir nicht, ob das Holzschnitzwerk von Pjandschikent bemalt war oder nicht, ob seine dunkle Tönung von der Malerei der Wandfresken abstach oder ob es von ihnen mehr oder minder die Farben übernommen hatte. Sicher ist jedenfalls, daß man über Verbindung von Holz, das als Unterlage benutzt wurde, mit anderen, zum Zeichnen und Bemalen geeigneten Werkstoffen Bescheid wußte. Als Bruchstück eines mit Leder überzogenen Holzschildes faßt man das Fragment (12) auf, das in sehr frisch erhaltenen Farben (blau, rot, goldgelb) einen berittenen Krieger zeigt. Dieser wirkt in exakter Zeichnung ein wenig manieriert, entbehrt aber nicht einen gewissen Reiz.

Kehren wir zum Holz als solchem zurück, so beweist uns die bescheidene Habe — weniger prächtig als die oben behandelten Skulpturen — aus manchen Gräbern wie dem von Kenkol (2.-4. Jh. n. Chr.), daß es in Mittelasien Holzgeschirr gegeben hat, flaches wie ausgehöhltes (13, 14). Seine Zweckformen entsprechen denen, die man anderwärts in gebranntem Ton gefunden hat. Dazu passen ganz einfache niedere Tische mit stämmigen Beinen, deren Oberfläche mit abgerundeten Ecken sich leicht nach innen biegt (15). Die Lieferanten für das kleine Volk zeigten zumindest bis zu solchen Gebrauchsgegenständen des Alltags Sinn für die richtigen Proportionen und

15

persönliche Erfahrung in den Anforderungen des Haushaltes. Drei oder vier Jahrhunderte später bezeugt uns der hölzerne Schöpfer vom Berg Mug bei Pjandschikent *(16)* die weltweite Überlieferungstreue im Handwerk. Holz dient ebenso dem Schmuck herrschaftlicher Wohnungen wie dem Alltagsleben der Ärmeren. Es wird auch für würdig gehalten, durch Menschenhand geformt, die furchtbarsten Kräfte der Fürsten oder Götter zu beschwören. Wir kennen das von Ägypten, und es trifft auch für andere Kulturen zu. In Westasien um den Van-See hatte sich das Land *Urartu* im 8. Jh. v. Chr. zu einem blühenden Zentrum der Metallurgie entwickelt. Es zeigt sich immer deutlicher, daß manche urartäische Erzeugnisse — besonders die Bronzekessel mit Tierprotomen — sehr geschätzt wurden, weshalb man sie exportierte und von Griechenland bis Etrurien nachbildete oder den heimischen Formen anpaßte. Dennoch wurde das Standbild von Taischebaini (aus Karmir-Blour) aus Holz gefertigt; wir zeigen es in einer Wiederherstellung *(17)*. Es wirkt fürchterlich durch das Metall von Diadem und Waffen (Köcher und Speer), aber auch beängstigend durch die bunten Farben, — ein brutales Bildwerk, in dem sich Einflüsse der assyrischen Kunst spüren lassen. Der runde Sockel zeigt einen Text in Keilschrift.

Ganz anders wirkt die Statue von Bin-hoa *(18, 19)*: andere Zeit, andere Kultur, anderer Geist. Wir sind in Indochina im 5. Jh. n. Chr. An der Westküste des Golfes von Siam hat sich ein indisch gewordener Staat entwickelt, den die chinesischen Texte *Fu-Nan* nennen. Er soll im 2. Jh. von einem indischen Brahmanen gegründet

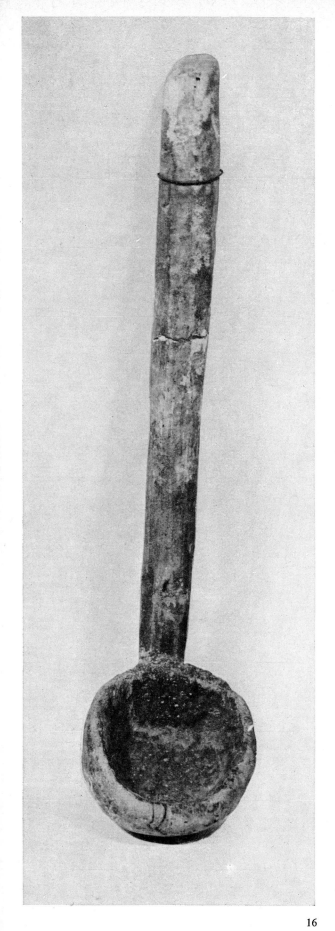

16   17

18

19

worden sein, der eine dort heimische Prinzessin heiratete. Der blühende Staat wertet das Land auf und pflegt in Handel, Politik und Kultur Beziehungen zu Indien und China. Von einer Elite gefördert, deutet die vom Gupta-Stil beeinflußte Kunst die indischen Vorlagen und wandelt sie im Sinn klassischen Maßhaltens ab. Ein Beleg dafür ist dieser bewundernswerte hölzerne Buddha von 1.35 m Höhe, der wunderbarerweise in einem Sumpf in Kotschinchina erhalten blieb. Nichts an ihm wirkt auf uns gequält, verletzend oder kompliziert; in Biegung und Haltung ist er nur natürlich, in auserlesener und veredelter Echtheit. Die Formen sind jugendlich, das Gesicht ist bartlos, und ein ruhiger Rhytmus belebt diese Gestalt in ihrer gemessenen Gebärde. Doch in der vollen Modellierung des Gesichtes und der Kopfform reicht etwas über das Menschliche hinaus und wendet sich dem Geistigen zu. Selbst die Verwendung des Werkstoffes Holz trägt zum Geheimnis dieser wahrhaft religiösen Skulptur bei, die in sich die höchsten Werte der indischen Philosophie birgt.

Uns Abendländern ist die religiöse Holzschnitzerei vor allem *christlich*, und wir denken an die unzähligen Darstellungen von Christus, Maria und den Heiligen, die im Laufe der Jahrhunderte geschaffen wurden, um den Glauben auszudrücken, die Hoffnung zu festigen und die Frommen an die Größe und Majestät des Göttlichen zu gemahnen.

Ein einziges Beispiel möge genügen. Wir wählten eine Madonna des 15. Jhs. aus Florenz *(20)*, weil hier Naturalismus und Stilisierung glücklich gemischt sind. Die strenge Anlage, die Vorderansicht und die Symmetrie

20

beeinträchtigen ihren rührenden Charakter nicht. Die Menschlein, die sich unter ihrem Schutzmantel drängen, erinnern deutlich an die Rolle der Fürsprecherin, die die erbarmende Gottesmutter bei ihrem Sohn für die sündige Menschheit übernimmt.

Bemalt und so manchesmal wieder übermalt, setzen die christlichen Holzschnitzereien die alte Überlieferung der Polychromie fort, deren in der *byzantinischen* Kunst gewahrte Kraft gelegentlich zum Symbolismus gesteigert wird, hauptsächlich in den Ländern der orthodoxen Kirche. Auf dem Bild der hl. Paraskevi *(21)*, diesmal als Relief gearbeitet, ist der Körper irgendwie entfleischlicht; der sich von der Scheibe des Heiligenscheins abhebende Kopf zieht alle Aufmerksamkeit auf sich, und sein erhabener Ausdruck mit der Unermeßlichkeit des Blickes wirkt doppelt ergreifend über dem Blutfleck des Mantels.

Überall glänzt es von Gold im reichen Schnitzwerk an der Königstür der Ikonostase in der Peter - und Paul - Kathedrale von Leningrad *(22)*. Im üppig wuchernden Prunk dieses Werkes aus dem 18. Jh. sollen Reichtum und Glanz der triumphierenden Kirche

32

22

34

 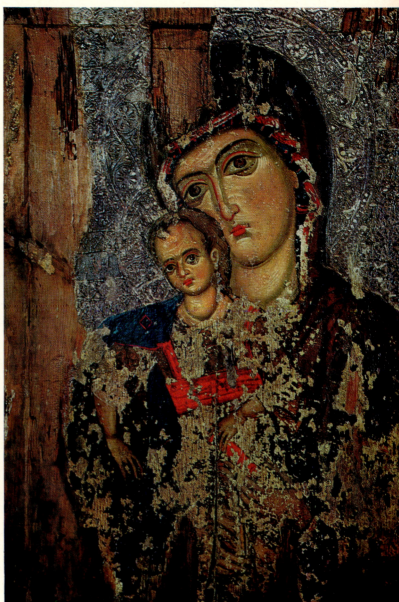

23 24

ausgedrückt werden, und das Haus Gottes soll schöner und strahlender als ein Königspalast sein. Vom Basrelief zur Ikone ist es nur ein Schritt. Wohl trägt die leicht konkav gehobelte Tafel keine Schnitzerei; doch wollen wir wegen des gleichen Werkstoffes Holz auch kurz auf die Ikone eingehen.

Noch stärker tritt im Programm der byzantinischen Architektur die Absicht hervor, die Folge der Schöpfung und die Größe des Schöpfers darzutun; der Goldgrund der Mosaiken nahm dabei eine symbolische und mystische Bedeutung an, und der Goldgrund zahlreicher Ikonen *(23)* entspringt demselben Gedanken; er steht im Widerspiel zum Blau und Rot der Kleidung, die ihrerseits auch oft von Goldfäden durchwirkt ist.

Das Holz, das bei Beschädigung von Ikonen *(wie bei 24)* durchscheint, gilt in *Rußland*, dem größten Land der Ostkirche, als ein vertrauter Werkstoff. Die Volkskunst hat sich seiner bemächtigt, und mit welchem Schwung sie da arbeitet, zeigt der «kleine Muschik» *(25)* aus dem 18. Jh. Auch die Großarchitektur steht jedoch nicht nach, und die Verklärungskirche von Kiži *(26)* zeigt, wie kunstfertig die Zimmerleute um 1714 über den Tambours auf dem Bauwerk die extravagent schwellenden Zwiebelkuppeln gearbeitet haben.

25 26

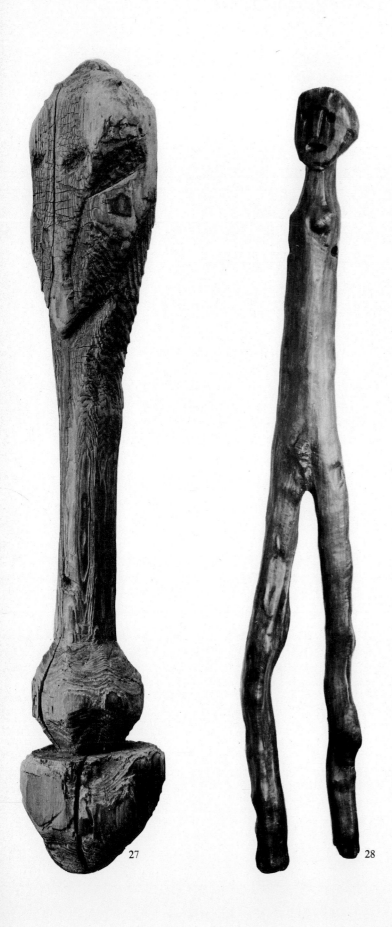

Der Norden des kontinentalen Europa und die skandinavischen Länder danken es ihrem großen Reichtum an Sümpfen und Seen, daß ihnen hölzerne Figuren und Gegenstände bis zurück in die ersten nachchristlichen Jahrhunderte erhalten geblieben sind. Ohne sie würden den materiellen Zeugen der Kultur, die wir mit dem Begriff *germanisch* verbinden, das Echteste und Aufschlußreichste über die urtümlichen religiösen Bräuche und die Bestattungen genommen sein.

Das heute im Historischen Museum von Stockholm ausgestellte geschnitzte Stück Holz *(27)* ist in einem Sumpf bei Njutander (Schweden) gefunden worden. Das eine Ende stellt ein phallisches Fruchtbarkeitssymbol vor, während das andere an ein bärtiges Menschenhaupt erinnert. Wahrscheinlich handelt es sich um ein Idol des Gottes Thor, den die nordischen Berichte als einen großen schönen Mann schildern; seinem scharfen Blick könne nichts widerstehen, und er habe einen dichten roten Bart gehabt. Eine Figur *(28)* aus den Männer- und Frauendarstellungen, die in einem Sumpf bei Braak in Schleswig-Holstein gefunden wurden, straft gleich den anderen die Behauptung von Tacitus, die Germanen hätten keine Kultbilder gehabt, Lügen. Das Kästchen aus Eibenholz *(30)*, das aus dem Sumpf von *Garbølle* im dänischen Bezirk *Sorø* stammt, ist deshalb interessant, weil es mit jenen Runenzeichen beschriftet ist, die die Nordvölker als Nachahmung der Schriftarten der klassischen Welt erdacht hatten.

Der Tierkopf *(29)* gehört einer in geometrischer Stilisierung gezwungener wirkenden Kunst an. Auch er kommt aus Dänemark, aus dem heiligen Sumpf von Vimose im Distrikt Odense und wird auf etwa 300 n. Chr. datiert. Man könnte ihn fast mit manchen zentralamerikanischen Skulpturen vergleichen. Wirklich stand das Holz auf der anderen Seite des Atlantik hoch in Gunst,- die *kero*, die heiligen Vasen, waren im allgemeinen aus

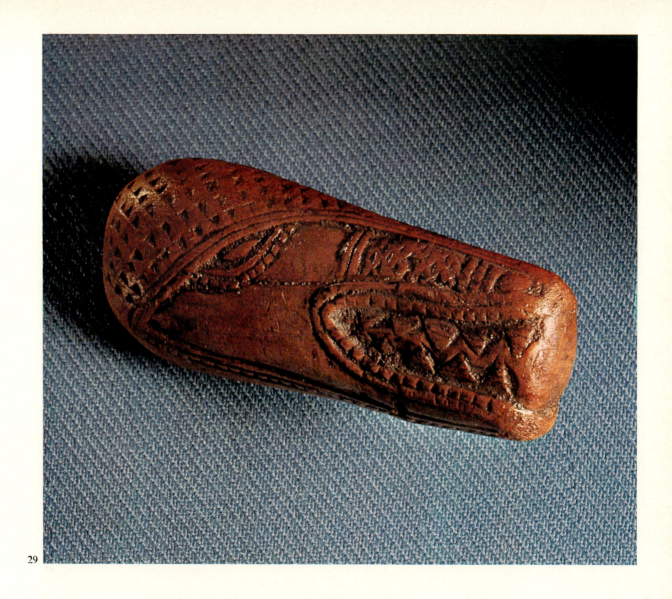

29

30

39

31

40

32

33

41

34

Holz; die hier gezeigte *(31)* mit aufgetragenen Farben und figürlichem Schmuck stammt aus Peru. Der aztekische Gong *(32)* behandelt ein Tiermotiv analog dem dänischen. Doch ohne so weit in Raum und vergangene Zeiten zu gehen, wird man eine Nähe zu den Tierköpfen finden, die am Ende des hölzernen, goldgeringelten Peitschenstieles saßen. Diese zwei Protome aus vergoldetem Holz *(33)* stellen Mufflons dar.
Sie führen uns in die Welt des Altai. Die Entdeckungen in diesem Gebiet *Südsibiriens* sind für unsere Kenntnis der Holzschnitzkunst bei den Nomaden Zentralasiens im letzten Jahrtausend hochbedeutend. Wohl hat die Altai-Kultur im Lauf von sieben Jahrhunderten gewisse Wandlungen erlebt, aber sie wahrte dabei ihren ethnographischen Charakter in den Wesensmerkmalen unverändert, und so unterscheiden die Archäologen drei große Zeitabschnitte in dieser Kultur; die Majemir-Periode (7.–6. Jh.), die Pazyryk-Periode (5.–3. Jh.) und die Šibe-Periode (2.–1. Jh.). Uns interessiert am meisten die eine Art Hochblüte darstellende Pazyryk-Zeit. Damals lernten die Nomaden, die schon Meister in der Metallurgie der Bronze waren, das Eisen kennen; damals verwendeten sie für ihre Pferde die Gebißstange mit zwei Löchern, die dem im 7. Jh. erfundenen dreilöcherigen Mundstück überlegen war, und damals errichteten sie für ihre Stammesführer vor allem die größten Kurgane mit den reichsten Grabgaben.
Die Kurgane stellen Rundhügel bis zu 50 m Durchmesser aus aufgehäuften Steinen dar. Das eigentliche Grab darunter ist eine Kammer von 6–7 m Seitenlänge und 4–7 m Tiefe. Ein Holzverschlag mit Wänden und Doppeldach umgibt den Sarg mit dem mumifizierten Leichnam. Die Kammer mit den Grabgaben ist mit Filzteppichen bespannt, und hinter dem Holzverschlag sind die Pferde mit ihren Sätteln, Zaumzeug und allem Schmuck geopfert worden. Da der Steinhaufen verhindert, daß die Sonne die im Winter vereiste Erde erwärmt, und da die eindringende Feuchtigkeit auch bald gefriert, konnte der Inhalt des Grabes Jahrhunderte unzerstört überdauern. Holz, Pelz, Leder, Wolle und pflanzliche Stoffe sind erhalten, während sie unter normalen Bedingungen längst

35

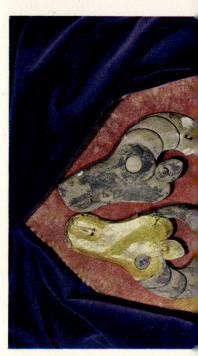

36   38

37

zersetzt wären. Selbst die Toten waren fast unversehrt. So verfügen wir nicht nur über die Waffen und Metallgeräte, sondern auch über die ganze Skala von Möbeln und Ausstattungsstücken aus dem Alltag dieser Menschen — und das alles, da es sich um Häuptlinge handelt, in vollendeter Ausführung.

Wanderungen, Raubzüge, Tauschhandel und kriegerische Ereignisse brachten die Nomaden in Fühlung mit z.T. sehr fernen Kulturen, etwa von China, Iran und Baktrien. Das heimische Handwerk brachte es zustande, mit den traditionellen Mitteln überraschend gute Nachbildungen von eingeführten Luxuswaren zu machen, wobei es seine Phantasie um alles, was die fremden Vorlagen boten, derart anreicherte, daß eine neue eigenständige Kunst von erstaunlicher technischer Qualität entstand. Am charakteristischsten sind dabei die Holzschnitzereien, die Relief mit Vollplastik verbinden. Denken wir etwa an ein Tier (tierische Vorwürfe überwiegen weitaus), dessen Körper wie gewöhnlich in Basrelief, der Kopf aber rundplastisch ausgeführt wird, und beide Seiten sind streng symmetrisch gehalten. Die Darstellungen wirken wenig realistisch, aber mit beträchtlicher Dynamik. Das wird

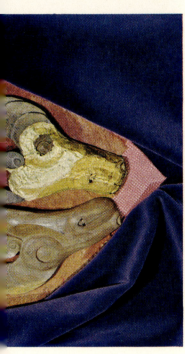
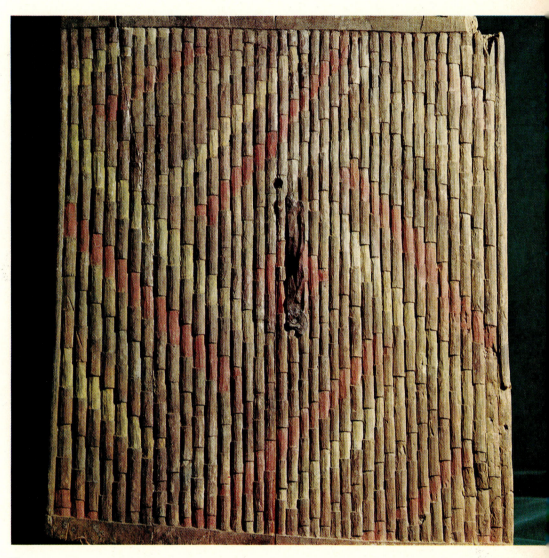

39

erreicht, indem man die verschiedenen Körperteile nach entgegengesetzten Richtungen ausarbeitet und keine Linie als Bodenbegrenzung angibt. Die dargestellten Lebewesen ruhen oder laufen im allgemeinen nicht auf einer bezeichneten Fläche. Alles ist Bewegung in diesen springenden und wogenden Formen, wo Schnabel, Augen, Kamm und Hals des Vogels, wo Ohren, Hörner und Geweih des Vierfüßlers Haken, Spiralen, S-Linien, Rechts- und Linkskrümmungen bilden, was dem Kopf ein eigenes Leben verleiht. Erst durch eine allzu systematische Wiederholung der Schmuckmotive gerinnt diese Kunst zu Schwere und Steifheit.

Mit dem Holz werden oft auch andere Werkstoffe verbunden. Außer den Glanz bringenden Blättchen von Edelmetall werden für angestückte Teile — besonders Ohren, Hörner und Flügel — Knochen, Filz und starkes Leder verwendet. So kommt Abwechslung in den Anblick einer Oberfläche, die neben dem glattpolierten Holz narbig oder wollig Unregelmäßiges zeigt, ganz zu schweigen von der fallweisen bunten Bemalung.

Aus Grab I in Pazyryk stammt das Zaumzeug für den Kopf eines Pferdes *(34)*. Auf einen Lederriemen sind durchbrochen zugeschnittene hölzerne Anhänger mit geschwungenen Umrissen aufgefädelt, wobei das Mittelstück hervorspringt. Sie lagen flach auf der Stirn und den Wangen des Tieres.

Die Detailaufnahme *(35)* von einem anderen Zaum aus demselben Grabe zeigt über einer krallenbewehrten Klaue, die das Gefieder in Palmetten teilt, den vorspringenden Kopf eines Phantasievogels mit mächtigem Adlerschnabel, rundem Auge und stehendem, aus Leder geschnittenem Kamm.

Bei dem Schild aus Holz und Leder *(36)* ist das rechteckige Feld durch Rot- und Blautöne auf einem Motiv von Zickzackbändern belebt. Ihm entspricht der Holzschild *(39)* aus einem Grab von Tuekta, ebenfalls bunt, aber hier sind die schieflaufenden Farbbänder um ein verschobenes Viereck in der Mitte verteilt.

Aus einem Kurgan von Basadar kommen die Schmuckstücke *(37, 38)*, die einen Vogel mit ausgebreiteten Flügeln und Wildschafe mit gewundenen Hörnern tragen. Das Holz war mit Gold überzogen, zur Gänze bei dem Vogel, anscheinend nur teilweise aber bei den Mufflonköpfen.

In dem eingravierten Schmuck auf einem Zedernsarkophag von Basadar *(40)* läßt sich mühelos ein brüllendes Stück Fahlwild erkennen. Es ist kaum wahrscheinlich, daß der Künstler solch ein Tier je getroffen hat, aber sicher hat er es von einer Arbeit absehen können, die aus einem weniger kalten Land als Zentralasien importiert war.

Der Hirschkopf *(41)* wirkt höchst ergötzlich durch die Art, in der der Künstler alle Linien zu Schmuckkurven umgebogen hat. Das Stück stellt einen Teil einer Pferdemaske aus Grab V in Pazyryk dar, und es verwendet Leder zusätzlich zum Holz. Unter dem Hals des Tieres fallen bunte Farben und vergoldete Ornamente auf.

In Grab III von Pazyryk wurde der Vogelkopf *(42)* gefunden. Er erinnert durch den auf seinem Schnabel vorspringenden Höcker ein wenig an die Enten im Berbergebiet; doch handelt es sich wohl eher um die freie Variation eines Themas der Natur, wobei der Künstler seine Freude am Gebogenen im Verein mit der Glätte

40

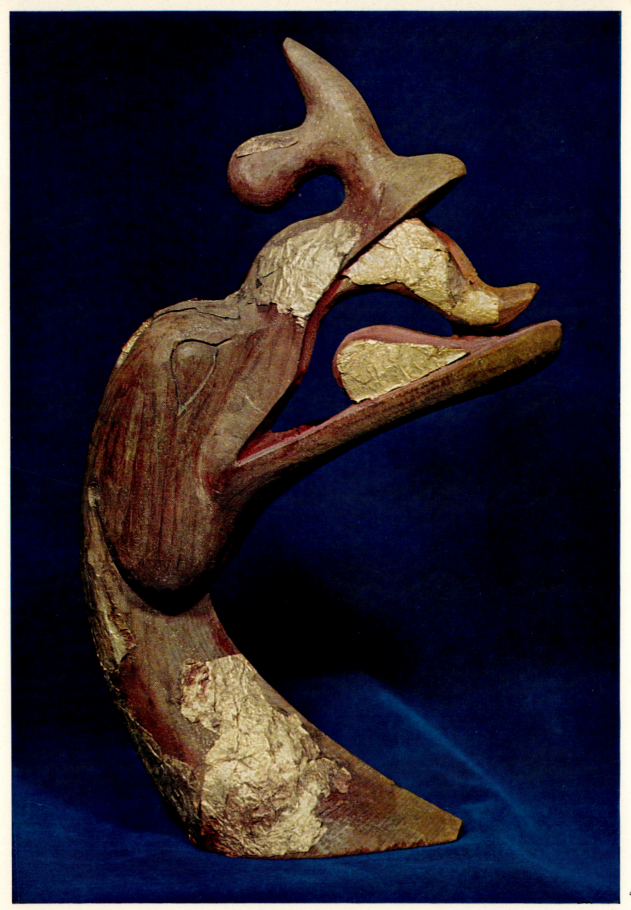
42

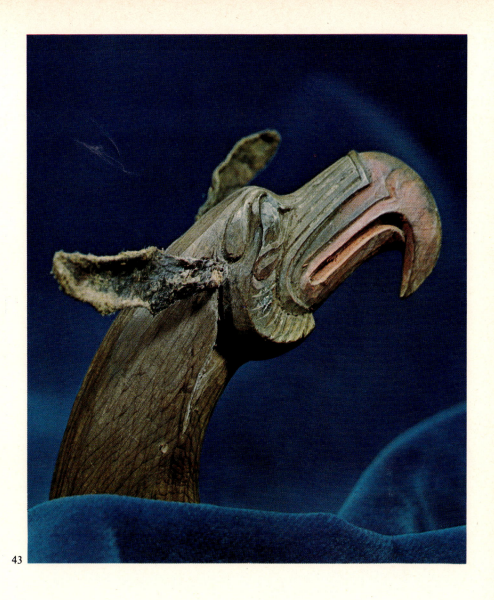

43

des Holzes hatte, die ehemals von einer Goldfolie überzogen war. Eine weitere Abwandlung dieses Themas bringt ein Raubvogel *(43)*, den die langen Ohren aus Leder zu einem Vogel Greif stempeln.
Der starke spitze Schnabel krümmt sich scharf zum Haken, das Auge, zum Quersack verzogen, sieht aus, als wäre es am Stirnhöcker aufgehängt, und das Gefieder verdichtet sich an seinem Ende nach vorn zu einer gerieften Halskrause, fast wie eine Mähne. Das Untier hat etwas Fremdes und Faszinierendes, ohne eigentlich schrecklich zu sein. Es scheint vielmehr, als hätte sich der Bildschnitzer durch die Form des Holzstückes bei der Arbeit leiten lassen, wobei er seiner Phantasie und seinen Träumen freien Lauf ließ, um durch Extrapolation neue Arten zu schaffen. Im allgemeinen ist der Ausgangspunkt realistisch und das Ergebnis poetisch. Genau so würde ein Fabeldichter vorgehen, der den Tieren die Sprache verleiht und ihre Charakterzüge betont.
Jedenfalls steht die Liebe dieser Künstler aus der Nomadenwelt zur belebten Natur außer Frage. Sie beobachten, sie spüren sie, sie gehen eine Gemeinschaft mit ihr ein, und wenn sie sie nicht kopieren, so erfassen und übersetzen sie doch mit sonst so seltenem Glück das Brausen der Welt in die Sprache der Kunst.
Berühmt ist die aus Grab I von Pazyryk stammende Gebißstange *(44)* in Form eines springenden Hirsches. Es kommt bewundernswert zum Ausdruck, wie der gestreckte Leib, die eingeschlagenen Vorderbeine und die Fluchtlinie des zurückgelegten Geweihes sich in die Bewegung und den Schwung des Laufens umsetzen.
Es folgen zwei weitere Teile von Pferdegeschirren aus Grab II von Pazyryk *(45, 46)*. Das Stück Rotwild mit einem Geweih aus Leder *(46)* bestätigt, was wir zuvor über die Verbindung von Vollplastik und Relief sowie über die «dynamische» Auffassung der Tiergestalten gesagt haben.

50

47

Der Hirsch endlich, der, die Beine eng zusammengestellt, auf einem abgerundeten Sockel mit geschweiften Randverzierungen balanciert *(47)*, zeigt trotz seiner geringen Größe von nur 12 cm eine sehr lebendige Silhouette. Auch sein phantastisches Geweih ist aus Leder geschnitten.

Ein außerordentliches Stück aus dem Kurgan V von Pazyryk stellt der ganz aus Holz gefertigte und vollständig erhaltene Wagen *(48)* dar. Seine vier Räder mit den vielen Speichen haben etwa 2 m Durchmesser und sind an den Felgen durch keinerlei Metallbelag gehalten. Ihre weit nach außen vorspringenden Naben sind mit Pflöcken an der Achse befestigt. Der aus Birkenholz gezimmerte Aufbau hat eine Plattform mit einem Geländer, dessen Steher wie gedrechselt aussehen, und darüber erhebt sich eine Art leichter Thronhimmel, ein viereckiger Baldachin, mit Filz gedeckt. An die Deichsel lassen sich zwei Pferde anschirren.

Im Vergleich mit den vierräderigen Wagen, die uns von anderen Kulturen der Antike erhalten sind, erscheint dieses Fahrzeug bemerkenswert leicht und elegant. Es ähnelt auch nicht den zweiräderigen Kriegswagen z.B. der Ägypter, es ist durchaus die Eigenschöpfung eines mit der Holzverarbeitungstechnik von Grund auf vertrauten Nomadenvolkes. Zudem sei betont, daß nur ganz selten alle Einzelteile in diesem Maße erhalten blieben. In den «Wagengräbern» Chinas und Galliens etwa lassen sich die Gefährte im allgemeinen nur an Hand der Abdrücke, die sie in der Erde hinterlassen haben, und an ihren Metallteilen studieren: Das Holz ist verschwunden.

Im ganzen ist zu sagen, daß sich die Kurgane des Altai als ganz große Beiträge zur modernen Archäologie erwiesen haben. Das hier gelieferte Material bildet für die bisher sehr

48

53

49

50

wenig bekannte Wirtschafts- und Sozialgeschichte der Völker einen absolut unerwarteten Zuwachs an Information. Die hier gefundenen Gewebe, Teppiche, Wandbehänge, der Filz und das Leder sind sonst nur in Ausnahmsfällen noch greifbare Unterlagen. Diese Holzarbeiten stehen, wie wir sahen, an Aussage- und Kunstwert kaum hinter Schmuck und Geschmeide aus Metall zurück.

Die folgenden Bilder führen uns nach *Nepal*, in die Himalaya-Zone im Norden Indiens, mit seinen freilich nicht sehr alten Tempeln (16.–17. Jh. n. Chr.). Die hier erhaltene Ziegel- und Holzarchitektur ist mit bemalten Holzschnitzereien beladen, vor deren Kühnheit die Touristen erstaunt stehen; denn es handelt sich um Darstellungen des Tantrismus, in denen es von erotischen Szenen wimmelt. Obwohl Nepal sein ethnisches Erbe als Ganzes gehütet hat, war es doch materiell und religiös stark den Einflüssen von Indien ausgesetzt. Über die verschiedenen Glaubensrichtungen im Volk legten sich zwei der religiösen Hauptströmungen Indiens: der Buddhismus und der Hinduismus, beide durch verschiedene Richtungen und Schulen überbracht.

Während der Buddhismus in Indien seinen Niedergang begann, gedieh er im Boden Nepals weiter; doch der ursprünglich mönchische Charakter des Buddhismus verblaßte, und Strömungen des Tantrismus begünstigten seine esoterischen und magischen Züge mit einem formellen, ritualistischen Zeremoniell. Im Hinduismus wiederum ist die Schule mit dem zentralen Kult Schiwas, der in Gestalt von Pasupati der Beschützer des Landes wurde, mit jener anderen vermischt worden, in der der Gedanke von Schakti, der Macht des Weiblichen, herrscht; Schiwa selbst bedarf ihrer, wenn er tätig sein will. Es wirkt daher ganz natürlich, wenn in der religiösen Bildersprache jeder der beiden Götter häufig in Begleitung seiner Schakti oder in Paarung mit ihr dargestellt ist. Die

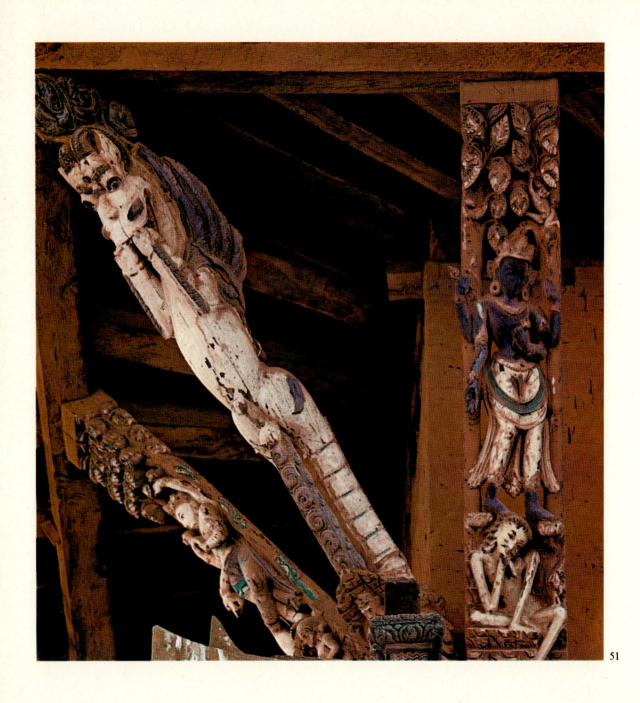

51

Bezeichnung «Mutter» im tantristischen Buddhismus oder Schakti bei den Hindusekten soll an die Wesensbedeutung der Kraft des Weiblichen und die Begattungen sollen an die Allgegenwart der unerschöpflichen befreienden Schaffenskraft des Gottes gemahnen. «Im Schiwaglauben wird das Universum als ein Geschöpf verstanden, hervorgegangen aus der Umarmung eines göttlichen Paares oder aus der Spaltung eines ersten Ursprungs in ein Selbst und ein anderes durch Vermittlung der Schakti in Form der Emanation eines bewußten Seienden» (Tucci). Wir müssen auch bedenken, daß im primitiven Volksglauben immer bei den jahreszeitlichen Festen, die die schaffenden Kräfte der Natur steigern sollten, orgiastische Riten gepflegt wurden und daß man dabei, ohne sich mit metaphysischen Theorien zu beschweren, allzeit als Sühnegabe die Darstellung des männlichen *(lingam)* und des weiblichen Oragnes *(yoni)* zu betrachten gewohnt war.

52

Eine Ansicht des Tempelplatzes — Mangal Basar — in Patan *(50)* vermittelt eine Vorstellung von der Art des Bauens. Auf viereckigem Grundriß erhebt sich ein gestufter Sockel, dessen Treppe im allgemeinen von Schutzgeistern in Menschen- oder Tiergestalt gesäumt ist. Den Hauptbau krönt eine wechselnde Zahl von vorspringenden Dächern, die nach oben immer kleiner werden und sich zur Pyramide stufen. Das oberste trägt in der Mitte einen konischen Aufsatz. Manchmal liegt vor den Ziegelmauern ein Portikus mit Holzsäulen und -kapitellen, die für geschnitzten oder gemalten Schmuck geeignet sind, und immer halten von Stockwerk zu Stockwerk schiefgestellte Stützen das vorkragende Dach; sie tragen einen Schmuck von Hochreliefs, wobei oft Stücke wie Arm, Bein oder Flügel als Ergänzung des Körpers der Dargestellten oder ihrer Attribute herausragend angesetzt sind *(49)*. Die einzelnen Themen sind übereinander behandelt, gedreht und verwickelt in der Haltung und lebhaft in

53

54

bunten Farben. Dabei werden Haupthaar, Brauen, Augen, Bart und Schamhaare betont und Kopfputz und Schmuck (Ohrringe, Halsbänder, Gürtel) mit rotgoldenem Glanz versehen, oder man unterstreicht bei vermenschlichten Gestalten die Schärpen und Vorderteile des Gewandes *(53)*. Bei Tierdarstellungen *(51, 52)* hebt die Farbe das Einzigartige der Phantasiegestalten (Flügel, Hörner) hervor, sie erhöht den beunruhigenden Eindruck der gerunzelten Schnauzen und das Eindringliche der Blicke. Koloriert ist auch das Schnitzwerk am Gesims sowie das stilisierte Geäst, das häufig im Oberteil der Stützen erscheint. Das Gebälk der Dächer ist sichtbar, und auch hier ist das Holz bemalt, jedoch in gedämpfteren Farben und ohne Reliefschnitzerei. Der üblichen Formel entspricht ein Blättermuster *(54)*; doch für den Betrachter, der den Kopf hebt und von unten hinaufschaut, treten deutlich belebte, rohe, groteske und fratzenhafte Szenen hervor. Fleisch in grünen, blauen oder bleiernen Farben, die Verdrehung der Glieder im Tanz, die schwierigen Stellungen bei dem bis ins Unendliche immer wieder begonnenen Sexualakt, das alles legt sich einem wie eine Besessenheit aufs Gemüt, ohne einen freilich zu tiefen Meditationen über die menschliche Beschaffengeit anzuregen, sei es nun in

55

57

58

Patan, in Bhatgaon, in Pasupatinath *(55, 57, 58)* oder in Katmandu *(56)*. Wir können hier nicht allen Gebieten den gebührenden Platz einräumen. Indien, China und Japan — um nur vom Fernen Osten zu reden — verdanken dem Holz so manchen charakteristischen Zug im Material ihrer Kultur. In Indien sind die ersten Steinbauten nach den Typen der Fachwerkzusammenfügung errichtet worden, mit Hilfe von Querträgern, die den Holzbalken entsprachen (ein klassisches Beispiel dafür ist der Abschluß des Stupa von Santschi im 2. Jh. v. Chr.). *China und Japan* haben aus ihren Erfahrungen mit dem Holz ganz besondere Formen ihrer Baukunst abgeleitet. Doch wir können nicht einmal von den Pagoden sprechen und müssen auch nur kurz auf das Lackholz eingehen, das doch bekanntlich eine Besonderheit der chinesischen Welt darstellt.

Lack ist der Saft eines Baumes, den die Wissenschaft als *rhus vernicifera* bezeichnet. Lack wird beim Trocknen hart, und da er dem Wasser, der Hitze und der Säure widersteht und fest, leicht und glänzend ist, kann man ihn — mit oder ohne Farbe — auf Gewebe oder irgendwelche Korbwaren und Holzgegenstände, auf Metall, Leder oder Porzellan auftragen. Im einzelnen verwendet man bei dem Arbeitsvorgang bestimmte Öle (von Kamelien, von Tee); Schwarz erzielt man mit Eisensulfat, Rot mit Zinnober, und manchmal wird auch Gold- oder Silberstaub daruntergemischt. Lack wird schichtweise aufgetragen, wobei man einen Anstrich trocknen und hartwerden läßt, ehe man mit dem nächsten beginnt. Ist der Lack erstarrt und sorgfältig geglättet, so kann er durch Malerei, Skulptur, Gravur oder Einlegearbeit verziert werden. Bemalte Lackarbeiten fand man in den Gräbern von Tsch'ang-cha in Hu-nan, die auf die Zeit der streitenden Reiche (4.–3. Jh. v. Chr.) zurückgehen. Zur Zeit der Han-Dynastie (206 v. Chr. – 220 n. Chr.) entwickelt sich diese Technik, um sich seither immer mehr zu vervollkommen und auszubreiten. Japan übernahm sie im 3. Jh. n. Chr.; seine ältesten Lackarbeiten sind in Nara erhalten, sie stammen aus dem 6. Jh. — Merkwürdigerweise sind auch in Südamerika, nämlich in Bolivien und Peru, präkolumbische Holzarbeiten gefunden worden, die mit mehreren Sorten von Harzen überzogen sind,

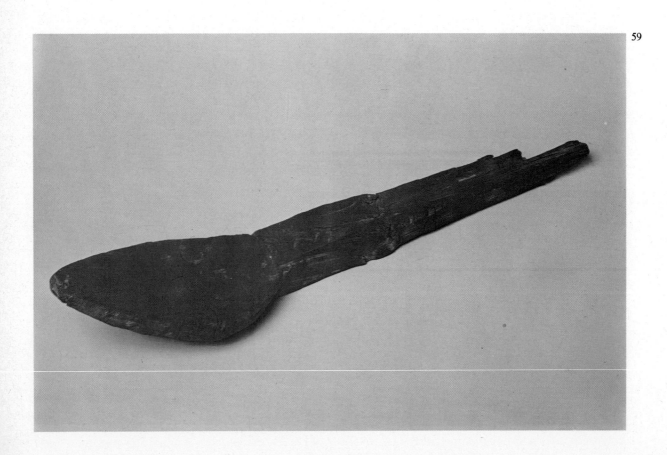

59

62

wobei es sich um Arten von Lack handelt. Unser Bildband soll nicht mit etwas so Bescheidenem wie dem Schöpflöffel *(59)* schließen, dessen eigentlicher Wert darin liegt, daß er aus der Yayoi-Zeit Epoche, dem japanischen Chalkolithikum, kommt. Als Nachbar von *Nepal*, auf das wir bereits eingegangen sind, hat *Tibet* uns Besseres und nicht so Banales anzubieten. Allmählich wird die tibetanische Kunst, die im wesentlichen religiös ausgerichtet ist, gründlich bekannt, und sie umfaßt ja auch recht beachtliche Werke. Im 17. und 18. Jh. sind dort palastartige Klöster von gewaltigen Ausmaßen errichtet worden, deren Fresken und bewegliche Gemälde (oder «thanka») in lebhaften Farben, deren Skulpturen und Reliquienscnreine aus vergoldeter Bronze oder Messing immer mehr Neugierige und Sammler anziehen. Die frühere, d.h. die vor dem 17. Jh. liegende Zeit ist jedoch für die Archäologen weit wichtiger. Im 7. und 8. Jh. n. Chr. hatten die Könige Songstengampo und Thisongdetsen ein weites Reich geschaffen, das von Nepal bis zur Oase Serinde und über mehrere Provinzen Chinas reichte. Der erste dieser beiden Könige nahm Mönche aus Indien und Kaschmir auf, die ihn zum Tantra-Buddhismus bekehrten, und dieser wurde dann unter Thisongdetsen zur Staatsreligion erklärt. Im 9. Jh. durch die Streitigkeiten zwischen den Anhängern des Buddhismus und den Gläubigen der alten tibetanischen Religion (des *bon*-Kultes) geschwächt, geriet die Monarchie in Gefahr, es bildet sich eine Feudalherrschaft, und die kleinen Königreiche erstanden wieder.

Im westlichen Tibet jedoch versicherte sich ein mächtiger Staat, den ein jüngerer Zweig der Königsdynastie gegründet hatte, bis ins 12. Jh. der Oberherrschaft. Seine Regenten waren eifrige Buddhisten; doch auch durch das 13. bis 14. Jh. noch ziehen sich die Rivalitäten zwischen verschiedenen Religionen und Sekten, bis der Mönch Tsong-khapa die Sekte des Lamaismus, die Gelbe Kirche, triumphieren läßt. Einer seiner Nachfolger erhält im Jahr 1580 vom Mongolen-Herrscher Altan-khan den Titel eines Dalai-Lama und die Zusicherung einer weltlichen und geistlichen Herrschaft über Tibet.

Es darf daher nicht überraschen, daß die tibetanische Kunst der Frühzeit eklektisch, stark mitgeprägt von Einflüssen aus Indien, Nepal,

60

61

Kaschmir und dem chinesischen Reich war. Die Einführung des Buddhismus ging Hand in Hand mit Tempelbauten nach indischem Muster, und auch die Art der Holzverarbeitung in dieser Baukunst hat den gleichen Ursprung. Im 10. bis 11. Jh. wurden aus Kaschmir viele Kunsthandwerker geholt, von denen einige noch namentlich bekannt sind. Im 11. bis 13. Jh. übernahm man von China und Nepal die pagodenartig übereinandergestaffelten Dächer u.dgl.m. Es braucht uns also nicht zu verwundern, wenn das hölzerne Abbild einer Göttin *(apseras)* aus Alchi im Gebirgsland Ladakh, dem 11. Jh. zugeschrieben *(60)*, ein bekanntes Thema wiederaufnimmt. Der es schnitzte, war aus Kaschmir. Die S-Form der weiblichen Gestalt mit dem schmalen Rumpf, den prallen Brüsten und der Biegung der vollen Hüften ebenso wie Wahl und Wiedergabe des Geschmeides gehen auf eine ikonographische Überlieferung zurück. Während das übliche Relief für Kopf, Schultern, Arme und Füße sowie für den Faltenwurf und das unten angebrachte Zubehör verwendet wird, genügt die Art, in der das Stück ausgeschnitten ist, damit der Mittelteil des Körpers zur Geltung kommt, um ihm einen ganz neuartigen Reiz zu verleihen.

Tholing ist ein religiöses Zentrum des westlichen Tibet an der indischen Grenze, mit einem Stupa, einem Portal, Freskendarstellungen aus dem Leben Buddhas und einer Statue von Manjusri. All das ist berühmt geworden, und von dort stammt auch unser letztes Bild *(61)*, der Löwe aus Holz von der Sammlung Bonardi. Während der gesamten Antike hat der Löwe ja als Ideal des Wächters gegolten. Majestätisch und furchterregend hielt sein Abbild Wache vor Tempeln und Gräbern. Zwar haben ihn die Jahrhunderte fast ausgerottet, aber immer noch brüllend und schön in der Bewegung steht er vor uns als ein typischer Beleg für die Kunst der Tierdarstellungen des Ostens, und so soll er unseren Bildband würdig beschließen.

GESETZLICHES DEPOT Nr 634
DRUCK UND EINBAND:
NAGEL VERLAG, GENF (SCHWEIZ)
GEDRUCKT IN DER SCHWEIZ
PRINTED IN SWITZERLAND